云南省传承发展中华优秀传统文化丛书

大家文丛

大家文丛

中共云南省委宣传部　编

凉山夷家

林耀华◎著

云南人民出版社

图书在版编目（CIP）数据

凉山夷家 / 林耀华著 . -- 昆明 : 云南人民出版社，2023.12

（云南文库．大家文丛）

ISBN 978-7-222-22385-1

Ⅰ．①凉… Ⅱ．①林… Ⅲ．①彝族－民族文化－凉山彝族自治州 Ⅳ．① K281.7

中国国家版本馆 CIP 数据核字（2024）第 010383 号

项目指导：殷筱钊　尚　语
统筹编辑：马维聪
责任编辑：梁　爽
责任校对：欧　燕　董　毅
责任印制：代隆参
装帧设计：陶汝昌　刘　雨

凉山夷家

LIANGSHAN YIJIA

林耀华　著

出　版	云南人民出版社
发　行	云南人民出版社
社　址	昆明市环城西路 609 号
邮　编	650034
网　址	www.ynpph.com.cn
E-mail	ynrms@sina.com
开　本	720mm×1010mm　1/16
印　张	7.75
字　数	110 千
版　次	2023 年 12 月第 1 版
印　次	2023 年 12 月第 1 次印刷
印　刷	云南出版印刷集团有限责任公司华印分公司
书　号	ISBN 978-7-222-22385-1
定　价	55.00 元

如需购买图书、反馈意见，请与我社联系

总编室：0871-64109126　发行部：0871-64108507
审校部：0871-64164626　印制部：0871-64191534

云南人民出版社微信公众号

前　言

习近平总书记指出："文化是一个国家、一个民族的灵魂。""只有全面深入了解中华文明的历史，才能更有效地推动中华优秀传统文化创造性转化、创新性发展，更有力地推进中国特色社会主义文化建设，建设中华民族现代文明。"习近平文化思想，明体达用，体用贯通，博大精深，为我们在新的起点上继续推进文化繁荣、建设文化强国、建设中华民族现代文明指明了前进方向。

中华文明延续着我们国家和民族的精神血脉。在中华文化版图上，地方文化各具特色，丰富多彩。云南是人类最早的发祥地之一，历史悠久，文化富集。千百年来，云南人民用自己的辛劳和智慧，守护祖国边疆，建设美丽家园，创造了丰富多样的地方文化。历经社会变迁、民族融合、文化认同，云岭大地钟灵毓秀，星光灿烂，诞生了无数杰出人物，涌现了诸多名家大师，产出了大批传世经典，为云南文化发展做出了卓越贡献。

云南有优良的学术文化传统。中原文化很早就在这里传播，大量的汉文典籍源源不断传入并积淀，成为云南文化的根基与传统。而地方、民族与边疆文化的诸多特色亦在云南文献中得以彰显。就地方特色而言，编史修志从来都是文化盛业，成绩斐然。文献、专著、文集不断被创制和保存，民国时期辑刻的《云南丛书》，"初编""二编"即达205种1631卷及不分卷的50册。其后更有数以万计的图书文献问世。从民族特色来说，云南民族众多，"三交"历史悠久，民族文化丰富多彩，傣族的贝叶文献、彝族的毕摩文献、纳西族的东巴文献、藏族文献、白族文献等，早已产生了广泛影响，是中华民族共同的文化财富。就边疆特色来看，记载或论述边地、边境、边界、边民、边防及边贸等内容丰富的边疆文献，种类多、价值高，历来都受到重视。

文化关乎国本、国运。盛世兴文，赓续文脉。习近平总书记两次考察云南，都对文化建设作出重要指示。云南省组织编辑出版一套具有文化保存与传承价值的大型学术文献丛书——《云南文库》，旨在传承中华典籍，弘扬滇云文化，砥砺三迤后人，昌明云岭学术。《云南文库》分为三个系列：一是《当代云南社会科学百人百部优秀学术著作丛书》，收录中华人民共和国成立后出生的年轻一代云南学者的优秀作品。二是《学术名家文丛》，收录辛亥革命至中华人民共和国成立前出生的云南学术名家的代表之作。三是《大家文丛》，收录辛亥革命以前出生的云南学术大家的传世著作。前面两个系列业已出版发行。

当前，在新的历史起点上，以习近平文化思想和习近平总书记关于铸牢中华民族共同体意识等重要论述为根本遵循，组织实施《传承发展中华优秀传统文化 云南文库·大家文丛》编纂出版，是站位中华现代文明、践行新时代文化使命、推进文化强省建设、深入实施"文化兴滇"行动的积极探索，对于坚定文化自信、建设中华民族现代文明，具有重大现实意义。

编纂《传承发展中华优秀传统文化 云南文库·大家文

丛》，是承传云南学术文化，保存云南记忆的基础性文化工程。从古至今，云岭大地孕育了诸多硕学鸿儒、名家大师、文化先贤，可谓星光灿烂。长久以来，红土高原产生了大批思想深邃、智慧非凡的传世经典，蔚为大观，逐渐形成了具有云南自身特点的学术特色与知识谱系。今天，我们拾起历史长河中的明珠，拂去历史典籍的蒙尘，重新整理和展示云南学术史上的高峰之作，就是为了重构云南地方知识与文化，增强传统文化区域性叙事中存在的精神感召力，传承和弘扬地方优秀民族文化，以滇云文化和云南记忆，填充中华民族共同体的文化版图。

编纂《传承发展中华优秀传统文化　云南文库·大家文丛》，是打造云南文化品牌、增强文化自信的重要举措。云南悠久的历史文化、光荣的红色文化、多彩的民族文化、独特的生态文化，是中华文化百花园的重要组成部分。以云南学术大家及其皇皇巨著为承载的云南文化，是云南社会发展的文化源泉，是云南人民的智慧结晶。编纂本丛书，是为了回归滇云文化的本源，筑牢文化自信的根基，为更多的人了解云南搭建平台，为研究云南构筑载体，为发展云南提供借鉴，在更高层次和更宽领域传扬云南文化精神，打造云南文化品牌。

编纂《传承发展中华优秀传统文化　云南文库·大家文丛》，是弘扬优秀传统文化，促进文化繁荣兴盛的根本保证。2023年6月，习近平总书记在中国国家版本馆考察调研时叮嘱大家："我最关心的就是中华民族历尽沧桑留下的最宝贵的东西。中华民族的一些典籍在岁月侵蚀中已经失去了不少，留下来的这些瑰宝一定要千方百计呵护好、珍惜好，把我们这个世界上唯一没有中断的文明继续传承下去。"这是全体中华儿女光荣而神圣的责任。我们将努力以编纂《传承发展中华优秀传统文化 云南文库·大家文丛》等文化精品为契机，继承中华优秀文化传统，发挥地域优势，突出地方特色，提高格局站位，积极推动学术创新，努力创造更多优秀学术成果和文化精品，整理出版经典文献，让典籍里的文字活起来，用优秀传统文化及滇云文化涵养各族人民，助力云南跨越式发展。

《传承发展中华优秀传统文化 云南文库·大家文丛》的编纂出版，凝聚着先哲大家的心血和智慧，离不开今贤同仁的奉献与付出。省委宣传部精心组织，省社科联、省文史馆、云南大学、省图书馆、云南人民出版社等相关单位和参与整理编校的专家学者不辞辛劳，通力协作，玉成丛书。翰墨流芳，文化永续。在此，向所有的参与者表示崇高的敬意和衷心的感谢。《传承发展中华优秀传统文化 云南文库·大家文丛》是《云南文库》的压轴之作，从构思到付梓，离不开广大读者和社会各界人士的支持，在此谨致谢忱。

文化建设没有终点。希望社会各界继续支持《传承发展中华优秀传统文化 云南文库·大家文丛》的编纂出版工作，欢迎各方有识之士积极参与到云南文化建设的伟业中来。

《传承发展中华优秀传统文化
云南文库·大家文丛》编委会
2023年12月

云南文库·大家文丛

目　　录

序

我于十余年前曾经梦想过游历凉山深入"倮倮国"，外人所谓独立倮倮的区域，抗战以后，辗转川滇从事任教，于是得有机缘亲历伟大的西南后方，去年夏天前往凉山夷区考察，因而实现了从前的梦想。

考察时间系 1943 年 7 月 2 日到 9 月 26 日，前后共 87 天。从成都率领同学胡良珍君并校工老范同行，至雷波聘翻译王举嵩、胡占云并黑夷保头 3 人，组成燕大边区考察团，西向大小凉山实地研究。行程详情，书中已有记载，不另赘述。

倮倮[①] 这个名词，在凉山中不常应用。边区汉人称倮倮为蛮子，倮倮谈话自称夷家[②]。因是倮倮、蛮子和夷家三词，名称虽不同，所指意义却是相同。

本书名《凉山夷家》，凉山为地理区域，夷家却有双关的意义，广义的夷家指整个倮倮社会，狭义的夷家指倮倮的家族组织。第一章"区域"标明考察的地理范围，第二章到第五章叙述社会团体从大到小的机构，因氏族、亲属、家族与婚姻乃系夷家一个连串的组织。第六章到第九章描写夷家几方面主要的生活枢纽，经济、阶级、冤家与巫术，都有特点的表现。

---

①倮倮：彝族旧称，也作"卢鹿""倮倮""罗落""落落"。"卢鹿"之称最早见于唐代史籍。元在今四川西昌地区及大凉山一带设立"罗罗斯宣慰司"。"罗罗"等名为元明以来史籍所习用。解放前这一彝族支系也自称倮倮，解放后不再沿用。—编注
②夷家：解放前，西南少数民族被泛称为"夷"，本文中凉山夷家之"夷"，今写作"彝"。—编注

　　《凉山夷家》是一部实地考察的报告，依据作者亲自搜集的材料，叙述以家族为中心，当然关联到与家族有关的其他方面的生活，不是如此即将流于概况调查，不能深刻表现生活的内容。测量夷人体质的材料，一时无从统计考核，待将来另成一篇发表。尚有夷文经典的翻译并夷人个别的传记，也须等待整理，再行问世。

　　凉山考察并报告完成，作者须向多方面致谢。吴文藻师一向热心指导，此次更极力帮忙，最足令人钦佩和感谢。哈佛大学、哈弗燕京学社主任叶理绥教授（Professor Serge Elisseeff）勉励从事实地研究，及哈佛大学人类学系诸大师谆谆教诲，使作者深觉受严格科学训练的重要。整理其中关于夷文亲属名词的注音，蒙李方桂先生指正。图表绘画多由社会学系助教陈舒永君担任。其他同工并边区朋友辅助教益之处，统此道谢。

　　最后关于考察经费，系受"中国抗建垦殖社""罗氏基金委员会"与"哈佛燕京学社"三机关补助，亦特借此机会敬表谢忱。

1944 年 6 月 26 日自序于成都燕京大学

云南文库·大家文丛

第一章 区 域

　　凉山是四川、西康、云南三省交界的一个区域，大凉山脉乃自西康贡嘎山脉歧分而来，共分四大支。第一支最北，盘结在四川境内峨边与马边之间，在倮倮夷地称为万石坪山脉，亦即大渡河与马边河的分水岭。第二支为大凉山主脉，北部自黄茅埂往南伸展，经黄草坪、烟峰山、大风顶达南黄茅埂，尽于金沙江岸的龙头山，亦即美姑河与西苏河的分水岭。第三支盘结于乌抛夷地，与竹核等处的乌抛山，为美姑河与西溪河的分水岭。第四支为八溪山脉，在西康境内昭觉与宁南之间，即系西溪河与会通河的分水岭。俗以黄茅埂为大小凉山的划界线，黄茅埂以西至会通河以东之地为大凉山，属昭觉境内。黄茅埂以东为小凉山，属雷波、马边、屏山、峨边四县，亦即世人所简称的雷、马、屏、峨区，在川省西南第五行政区范围之内。

　　凉山自古为倮倮盘踞之区，汉人踪迹罕至其地。夷家的大本营在大凉山，不受汉人势力的统治。小凉山则为夷汉往来交易之所，也是两族杂居地带，至于统治势力则两方互为消长。汉人势力兴盛之时，倮倮大部西越黄茅埂，退守大凉山。至汉人势衰，夷家必趁势叛变，出扰小凉山各地，使雷、马、屏、峨区无日安宁。

　　实则倮倮所居之地，并不限于大小凉山。西康除昭觉之外，尚有其他宁属八县并康属九龙也有倮倮的分布。根据各家报告，西康十县合计约有夷家人口 60 万。在越西、昭觉县城以东的大凉山区域，倮族比较纯粹，自成系统，从来不愿受汉人的同化。

　　金沙江以南地带，在云南省境之内，也是倮倮分布居留的区域。

雲南文庫·大家文丛

按滇省居民，平原之上十之八九为汉人，高原山谷之间则为各少数民族星罗棋布之区。昆明大理线以南，摆族（今傣族）为主要民族，与泰掸系接近。此线以北的夷族皆系倮倮及与倮倮接近的各民族。倮倮也向昆明大理线以南进展。甚至在滇省境外，安南、缅甸一带也可找到倮族的踪迹。作者于（1942年）曾在滇省居留约9月，对于境内夷民甚为留意，当时参考各家报告，估计滇省倮夷及其有关诸族，人口总数不在100万之下。

居留滇省的倮族，与居留川、康一带的倮族稍有不同。滇省倮族因与邻族互通婚媾的关系，在体质方面略有变化，文化方面无论物质生活或习俗惯例，颇受汉人的影响。许多倮民因为汉化之故，自己承认系汉人，不愿被称为倮倮。

既知倮倮在川、康、滇三省分布的梗概，可进而稍详叙述大小凉山区域的情形。

大凉山主脉为南北行的山脉，前已提及，在山脉南端的东面，有八段土岭，结成山脚，北部起自大谷堆，南达金沙江畔，都是向东而行，将凉山形成多足虫形，皆尽于西苏河边，此即俗所谓的八寨。八寨南段临江，山岳悬岩千仞，北段与龙头山相接，峰岭重叠，古林阴郁。明、清两代极力经营边区，至嘉、道之间汉人势力渐达黄茅埂以东之地。道光十八年（1838）变乱开始，夷人侵占大小谷堆，汉军退守山棱岗筑城自固，又于马颈子设要寨，与山棱岗成犄角之势。西苏河以西各地如母狗坡、拉米的汉人也先后退至河东，并于千万贯设一夷人土司，即杨土司，以系维远近的倮倮。

八寨以北，汉人也曾设下口岸，期望向西进展。山棱岗北去有滥坝子，再北有牦牛坝，都可从屏边西宁登山。黄草坪东面，在马边境内有油榨坪，曾经汉人开垦种植，清代鼎盛之时，此地辟为大场，以为与倮倮交易之所。再北烟峰山一带，多悬崖绝壁，荒野老林，汉人裹足不前。

登大凉山最北口岸就是洼海。洼海已入大凉山境内，范围甚广，东西占数十里。洼海系马边、峨边两县入大凉山必经的孔道，是地距离两县城各约200里。从马边西行，经月儿坝、楠木坪，登黄茅埂可达洼海。从峨边南行，经梯子崖、斯栗坪到达万石坪，一路穿过大森林，也可直抵洼海。由洼海南行，又通达大凉山中枢，因是洼海成为交通线重要的交叉点。

洼海南约200里即系大凉山中枢的牛牛坝。该地位于夷车河与连渣脑河流入美姑河的交叉点，背负大山，三面环水，为一平台地。牛牛坝往东可至雷波，往西可至越西，西南至昭觉，北行至洼海，更通峨、马二县，是凉山交通的中心。又因地势险峻，为用兵凉山必争之地。宣统元年（1909）英人布尔克（Donald Burk）率随从10余人由建昌入凉山探险，路至连渣脑被夷人碎杀，随从被执为奴娃，几引起国际严重交涉，当时川督赵尔丰立饬建昌、峨边、马边三路官军进剿凉山，约定会师牛牛坝。实则官军仍用保头作为向导，沿途妥协，兵至连渣脑，烧去几座房屋，杀了几个夷人。回师于交脚，筑城置昭觉县。赵尔丰计划彻底整理凉山夷区，谋筑雷、建通道。建昌部分已经沟通昭觉，越过美姑河，达耶路那达。雷波部分仅修至山棱岗附近，因夷人率众劫夺，乱起停工。后来通道的工程，全部被夷人毁去。1911年，昭觉防军撤去，夷人先后反叛，竟于1919年陷城，劫杀掳掠，为状至惨。时至今日，昭觉大部仍在夷人盘踞之中，是为凉山倮倮出入西康的主要门户。甚至西昌与昭觉之间的交通，有时亦在夷人势力控制之下。

清末光绪年间，因倮倮几次反叛，侵占黄茅埂以东各地，城镇交通亦被扰乱。但当时驻军尚多，该区域虽沦陷，其间乡镇保存者仍不少。例如黄螂乡与雷波之间皆系汉地，交通无阻。他如三河口、油榨坪、中山坪、滥坝子、山棱岗、马颈子、西苏角、小屋基、羿子村等处都在汉人手中，虽不能连成一片，若一旦有事，皆可相为策应，1911年以后，驻军减少，倮倮大行猖獗。先是失去菖蒲田，雷波、黄螂间交通断绝。失去山棱岗、马颈子，雷波城西就没有保障。失去烟峰、油榨坪，马边通大凉山的中路隔断。再失去三河口，马边与峨边间的交通亦告断绝。1927年雷波县县长罗冕南在羿子村被边民击死，政府未加声讨，大失威信。因此猓族更无忌惮，造成20年来反叛大乱之局。

以上所述大小凉山区域，北起峨边县南达金沙江约九百华里。东自雷波西至昭觉约600华里。此区域内的人口情形，按作者所经过的地方估计推论，约有猓猓人口20万。

作者此次率领考察团，因时间关系，不能遍走大小凉山各地，只能就考察的区域，详加检讨，以为研究猓猓的根据。由宜宾沿金沙江上溯，一直到达屏西秉彝场，系往四川西南边区的大道，沿途已无夷人的踪迹。秉彝场旧名蛮夷司，迄今沿用，但已名存实亡，全区都是汉人。秉彝场系中都河与金沙江合口处，上3里石角营又为西宁河入金沙江处。水顺时汽船可到此地，平日木船可达，为金沙江上流航行的终点。因此秉彝场实扼水陆交通之冲，为屏山西境的门户，亦系内地通达边区的要口。街市依山建筑，凿崖壁架栋梁，屋底用木柱支持，高至数丈，水涨时住屋也不至没顶。外间盐布货物，皆在此地起卸，转由人工背夫运到边地与夷人贸易。夷家币制沿用生银，衡量以两以锭，在秉彝场即能交换，可知夷汉交易的势力，在此已极重要。

从石角营沿西宁河上溯，50里到夏溪。考西宁河之源，出于黄茅埂东侧，经雷波之滥坝子、中山坪、罗三溪，至屏边的西宁，计程百余里，再85里始达夏溪。

夏溪位于西宁河南岸，为沿河最大的村镇，人口将近四千。镇上有商店饭馆，远近夷家常来买卖交易，过河不远之地即为马边界，马边夷人亦常到此地。从夏溪上溯西宁，沿岸都是汉人村寨，四周山上皆系夷家，以是此区为夷汉杂居之地。

夏溪西行15里，至撕栗沱，为一小村落，几十户人家。屏边乡乡公所设在此村，全乡包括撕栗沱与西宁，以及两地间的村寨，东西相距约70里。撕栗沱村内有中国抗建垦殖社第二区事务所，所内人员正在计划建设，使该村成为模范村落。村后有泉水一潭，可稍用工程贯入村间为自来水。抗建社甚勉励垦民殖边，村西麻柳塘、流中沟一带荒山，都经垦民种植，现已苞谷遍野，结实累累。抗建社垦民更往西开殖，经西宁、罗三溪，南达中山坪，入雷波县境。

撕栗沱西去沿途只有山僻小路，崎岖难行，又因山岭阻隔，必须往返渡河。沙沱一带河中堆积沙石，水从石底流过。到胡家堡子，两岸皆系峻壁丛林，河水狭隘，且多崖石。因此西宁河极难开浚以通舟楫。胡家堡子离西宁尚有10余里，1911年后夷变，西宁焚毁一空，胡家堡子亦数度被袭击，但因碉堡坚固，未曾遭祸，为西宁一带硕果仅存的汉民村落，只有五六户住屋。

西宁系山谷中的小平原，前清盛时曾住过2000户人家，为边区重镇之一。1920年夷人反叛，全市焚劫一空。近年因各垦社成立，在旧时屋基之上建立村落，但皆系茅竹屋宇。1943年7月初旬村上一处失火，竟于两个钟点之内，全村焚毁一空。20余日后作者亲到西宁视察，见新建茅屋又已成列。今有住户百余家，人口六七百人，男多女少，因来此边区多系具有冒险性的壮年男子。

西宁河由村右绕转村南，再蜿蜒往东流行。村后一带平原皆种稻米。四围高山，山顶亦可种植苞谷、桐子及茶树等，唯离村稍远即入夷区。抗建社之外，尚有中心垦社、县营垦社在此成立办事处，社员及垦民都是负枪携械以资自卫。县府另设屯垦保卫队，日夜警备，深恐边民生事，夷汉冲突。

西宁为雷、马、屏三县交界处，又系小凉山的中心，所居地位至为重要。远近为恩札支悍夷，时常叛变纷挠。如西宁不守，河东诸地亦将危殆。此地北去马边南去雷波两县城，为一直线关系，因中隔夷区不能通达，行旅者不得不东回石角营绕道而去。

西宁在小凉山原系四通八达之地，夷乱之后形势大变。北去马边既荆棘丛生，西面牯牛坝、油榨坪、滥坝子可登大凉山诸要口，亦全没于夷区，汉人裹足不前，更不敢作何冒险企图。开发小凉山应先充实西宁，即开发大凉山亦当以西宁为根据基地。

从西宁南行，由于抗建社的努力，垦民已移殖于罗三溪、中山坪一带，再南至野鹿坝渐上山坡老林，全区原系雷波东林乡地域，为黄茅埂经大谷堆东伸的侧脉。1917年恩札支夷人侵占该地，内有溪沟14道，灌溉极便，侧脉与溪沟之间又有坪坝18处，土壤肥沃，雨水充足，可作各类耕种。野鹿坝以南，经九龙岗分水岭，中有高峰陡壁，森林老木，约100里程始达雷北麻柳湾。

西宁、雷波的间隔，本来只有140里，因夷区关系，必绕道石角营沿金沙江南行，经过410里的路程。由石角营到冒水孔过邓溪塘即入雷波境的大岩洞。屏、雷交界的蛮溪口，常为夷人出没之区。许多旅客垦民曾在此处被掳为倮族奴隶，称为娃子。大岩洞西行，中经崖壁，路宽二三寸，峻险万分，崖下江水滔滔，击石作巨响。对江为云南境界，山岭重叠，森林阴郁。到沙湾攀登20里陡坡，不复再见金沙江，10余里即抵黄螂。

黄螂为雷东第一重镇，设有区所，人口千余，街道狭小。旧日城墙仍甚坚固，晚间城门紧闭，以防远近夷人攻击。城外为一平原坝子，土地肥美，灌溉方便，有良田千顷，为山谷中的沃地。城南五里为马湖，广袤30里，湖水碧绿洁净，四围山野青翠，天然风景绝佳。东南山上已经垦民种植苞谷，西南山上尽是夷家村寨。湖南海脑坝，亦称马湖村，夷乱之后，乱石荒草，至为萧条，近驻有保安队伍，村内住民亦稍集聚。

海脑坝至箐口，相距60里，中间经过分水岭，海拔甚高，1911年后失陷，雷、黄间交通隔绝，雷波因是变为夷区包围中的孤城。往年登岭，必出资由夷人保头护送，否则半途或被劫杀掳掠。近来由保安队驻防，每逢阴历一、四、七日期，队兵满山放哨，以便行旅交通，且于五子坡顶驻兵一排，以防不测之变。

箐口经文水镇到雷波，计程65里，全区皆山谷沃地，园谷遍野。但雷波东金竹嘴一带夷人出没无常，焚屋掳人之事，层出不穷。未到雷波之前，重见金沙江水蜿蜒山谷间，隔江云岭重叠，高峰插天，则为云南境界。

雷波城似网形，建于平原之上，自北而南，渐渐向下倾斜，15里达金沙江。东西北三面环山，颇似天然太师椅。城郊稻田遍野，有池子可资灌溉，产米甚丰。海拔 1300 公尺，故虽盛夏，气候凉爽。因连年夷乱，人民离散迁徙，全城户口不及万人，即全县估计亦不过 3 万左右。

城郊附近特别是城东城南一带，村屋甚多，都是散开满布田野间。每屋必于一角自筑碉堡，防御盗匪。住户并非全数汉人，中有汉化夷民杂居，系前杨土司的百姓。城郊人民在生活上无任何保障，夷人常于夜间来此劫杀掳掠，城南南田坝受祸尤深。作者住雷波时，每于深夜闻城外枪声连续，即系夷民来临。夷人的战略多系 10 余人结队，先在屋外埋伏，及至夺门而入之时，则击毙一二人，然后掳去一家男女。被掳之人口中塞上草木泥土，不许叫喊。劫夺之后夷人即从南田坝斜坡下降，沿金沙江畔西北方逸去。

雷波四围山顶，若非荒野之地，即系夷人区域。北山离雷 5 里的夹夹石，有一班队伍驻扎。更上锦屏山海拔 3000 余公尺，丛草老林，渺无人烟。东北山谷离城 15 里的麻柳湾，为北去屏边西宁的孔道，但此地为里区支夷族占领，汉人不能通过。作者视察麻柳湾之时，由一里区保头率领，出东门登山，到半岭即见山王庙前 3 个夷人执枪守关，若非保头与他们对话，我们就不能越雷池一步。山王庙在山顶，庙后有土墙木门，出关下山谷即是麻柳湾。3 年前庙内驻扎队伍，以防关外夷人，今则反成为夷族的重要关隘。

城西 15 里为乌角，系一峡谷平地，从雷波可以望见，此处原为夷汉杂居之地，夷人亦多汉化。3 年前驻有军队一排，且设有省立小学。今不但军队撤去，小学亦停办。村上几家汉民，无形中也受着夷人的保护。乌角系入大凉山的要口，夷汉往来的通衢大道。倮倮到雷波与汉人交易，必以乌角为进退的根据点。

从雷波登黄茅埂有 3 条路线，都可由乌角西行至拉里沟，然后分道扬镳。北路亦可由雷波北锦屏山，经山棱岗、田家湾，到大小谷堆翻岗，抵达大凉山内的特喜。南路从拉里沟过母狗坡、羊子桥，由拉米翻岗抵达省已。南北两路都曾经前届考察团走过。作者此次特走中路，一条新路线，由拉里沟登马颈子，经过丁家坪、捉脚那达、马卡哈落，然后穿过一片大老林，由毛昔剧烈翻黄茅埂，中间约100里程没有人烟，过岗后直达大凉山内的消罗。

乌角有一条街道，住户多数为白夷，黑夷胡家的娃子，汉化之后称为百姓。街道之外，住屋也是散开，每屋与四围邻屋的距离，至少在二三丈之上，满谷遍布谷子，颇为富庶。西北山岭间有小村落，称哨上，为土舍大户胡里区氏的住处。西行宝琪、扒哈，仍系胡家势力范围，甚至磨石、三鸡窝也有胡家住户。

雷波西45里为马家湾，一个小村落，茅屋散处山谷间，为阿着支的娃子，已故杨土司的百姓。马家湾西去，则登危岭，坡路难行。作者经过此地之时，适逢雨天，泥土经羊群踩躏，更显险滑，坡下万丈深渊，令人不敢俯视。由山岭穿过老林，保头嘱我们不可离散，因此地常有匪徒埋伏，即夷人亦惧匪徒之来劫夺。

马家湾西面15里到拉里沟，为一大村落，约50户人家。山谷中有溪沟一道，住屋散布沟东斜坡上。此村原为汉地，1911年后保保反叛，掳杀汉民，占领该处。今村内尚有刘、蔡汉人六七家，投在黑夷治下求生存，为雷波极西的汉民住户。此等住户虽受夷人统治，但可维持汉俗，穿着汉服，崇拜祖先。至拉里沟以西凉山中的汉人，全系被掳为娃子，保保视他们为财产的一部分，他们也必改装换姓，沦入夷俗。

拉里沟为保保出入交通的中心据点，雷波运来物品往往先存贮此处，为贩货入山的栈房。北通山棱岗可由北路登黄茅埂。南去五宝山、黑角，沿西苏河通小屋基，或再向千万贯沿金沙江折回雷波。西去吴家坝登母狗坡为入凉山的南路。西北过马颈子为登黄茅埂的中路。拉里沟在区域交通上的重要性，由此可见一斑。

马颈子离拉里沟只有10里的路程。是地为一山岗，形似马颈，故称马颈子。清末大小谷堆失陷之后，山棱岗、马颈子相继筑成要塞。城墙环于马颈岗上，今已尽毁，只留一二墙基而已。当时曾与保保划西苏河为界，河东汉地，留有重兵镇守。不但山棱岗、马颈子相为犄角之势，南面千万贯且设有土司。西苏河东岸的黑角常遭夷祸,由五宝山派兵救援。当时民谣常云:"生成马颈子,铁打山棱岗,该死的黑角,救命五宝山。"可见当时兵力尚能自保河东诸地。

马颈子即可西望黄茅埂,唯相隔尚有两日里程,此去下坡经过补既支地面,三五小村落,散处山谷之间。又经数度越山翻岭,60里始抵达丁家坪,黑白夷杂居的村寨。西行长河场一带屡渡溪沟,但水量皆甚浅,为西苏河上流诸支流。捉脚那达为溪沟两旁散居村寨,住屋多系木架支柱,茅草屋顶,人民生活至为困苦。马卡哈落只有三五人家,东距丁家坪约有70里。

马卡哈落西去,尽是山峰绝壁,荒野老林。林中空气阴湿,难见天日。地下蚂蟥满布,吮人血肉。行路时常见蛇蝎虫类,保头言虎豹亦颇多。作者与同伴曾在老林名硬里落骨者露宿一宵,虽燃火堆,夜半尚觉寒冷。

毛昔剧烈一带仍系老林,出林则登黄茅埂顶,道路忽变平坦,宽度可容往来汽车。埂顶海拔约3500公尺,不育树木,仅短草蒙蒙,随秋风起伏,故名黄茅埂。埂西山水秀丽,田园青翠,举目远瞩,渺无边际,宛如世外桃源。回顾埂东,山岭深渊,参差不齐,老林丛草,抑郁阴霾,判然两个境界。

从埂顶向西俯视,左坡村落谓之桥子着落,右坡村落谓之消罗那达,两地相对,皆系吴奇支夷族。大凉山村寨亦为分散式,屋与屋间必有数丈的距离。但每屋皆系土墙木顶,建筑甚为坚固。消罗那达东距马卡哈落约100里程,中间无人烟。西行再10里为儿候村,也是吴奇支,全村由坡顶平地下达溪边,中有一新式住屋,白墙瓦顶,前面红漆木门,且有雕刻,宛似荒山中的宫阙。

过溪沿岸行50里到之乎者各村,为阿着支地面。村内有天然池子,四围白杨耸立,状极幽美。村右小岗可向北下望从儿候村流来的三河以哲溪,此溪流入三河以穆河,亦即汉人所称的夷车河,成一三叉河流汇合处,宛如宜宾的三江口,不过水量甚浅而已。三江口的东坡之上为三河以达村,岗西10里一带小平地,即在夷车河南岸坡上为巴普村。夷车河北岸坡上为以鲁村,里区支白夷娃子的住处。三河以达、巴普、以鲁皆面向三江口，成为三足鼎立的村落，也都是里区支地域。

巴普南向登山为女红村，阿着支领地。再从女红登岗为塔妻，吴奇支地面，亦称吴奇塔妻。塔妻西面岗上为阿着儿仆，岗下为大哥儿柯，白夷车比支的住处。车比系吴奇支娃子，从大哥儿柯向西北下坡有上下二平坝，上坝在西，村名补既来托，下坝在东，村名补既来锅，二坝亦在夷车河南岸坡上，距巴普西面过沟10余里。

以鲁村沿夷车河西去为白夷苏甲支村落，再西则隔于山岳，据云系黑夷阿侯支地面，为昭觉一带夷人的支系。

三河以达西北沿夷车河上溯10里为河谷，阿着支村落。东北沿三河以哲溪上溯，有葡千村为阿着支，更上葡萄以达村为白夷车比支，三河以达背负大山，从山顶环视，四周村寨，历历可数。北面山岭巍巍，东南塔妻背后之黄茅埂在望，西南远睹夷车河下游，山野村落皆隐约在云雾中。

三河以达一带为大凉山中非常发达的区域，亦为交通线的中心点。西去牛牛坝不过百里，牛牛坝虽形势扼要，但人口繁盛，远不若三河以达。夷车河从三河以达下行到牛牛坝，与连渣脑河联合流入美姑河，美姑河东南行流入溜筒河，然后东流贯入金沙江，全支为大凉山中最主要的河流。夷车河云系源出于洼海南部鸡耳洼鸡东侧山间，但中间未经探险，尚不能证明。三河以达北行经斯足以达、恩札瓦西到洼海，约有260里。西南路线则从牛牛坝东侧若谷也打北行，经乌儿果、烘鸡、鸡耳洼鸡达洼海，里程亦与东路相仿。三河以达东去雷波有3条路线，前已提及，按中路计算约有360里。南由巴普、女红翻山，东出省已，西入耶路那达，耶路那达到昭觉约145里，因知昭觉与三河以达的距离，尚不及250里程。

作者曾在三河以达一带逗留，从事各种考察。本拟从省已出拉米回雷波，因保头间发生纠葛，遂由北路返雷波。

从三河以达向东北行，15里到葡千，葡千上坡不远即为谷烹，一个里区、恩札及白夷车比各支杂居的村落。再30里到葡萄以达，坡上又有葡萄海贼，为恩札支村寨。葡萄以达东去30里为天喜，为北路出山距黄茅埂最近的村落。特喜南有怕托，北有斯足以达，与更北100余里的恩札瓦西相连续，都是恩札支的区域范围。

从天喜东翻黄茅埂，又是一条康庄大道，翻埂后下老林到达大谷堆，去天喜已60里。大谷堆系山谷中的平坝，东西长10余里，坝上土地肥沃，可作耕种，旁流一沟，可资灌溉。汉人势力盛时，曾在此处耕垦，今则荒芜不事种植。东行不及10里为小谷堆。又20里到作儿窝，再30里到岩池坝。岩池坝东10里为田家湾，系此间较大的村落。黄茅埂以东各村寨，皆系从前熟夷地域，熟夷有汉姓，为前杨土司治下的人民。

田家湾东去40里为山棱岗，原为汉城，1919年夷叛被毁。今所余者只有棱形城垣，荒草已丛生，城内红墙一道，尚可依稀辨识。城下斜坡为卢家寨，住屋分布山谷间。

山棱岗南通马颈子、拉里沟，北达滥坝子。北路尚称平坦，若有夷人保头护送，经滥坝子、苦荞泛可达中山坪。中山坪北去罗三溪、西宁一路已有抗建社垦民势力，可以通行无阻。如能发展西宁，从滥坝子、山棱岗西入大凉山，倒是一条坦途。

山棱岗东距雷波90里，1919年之前有大道可达，亦雷、建通道的一部。夷乱20余年来，无人通行，道路荒芜不可辨识。作儿窝、跪马坪、大火地一带尚有零散住户。大火地东行上坡，一片荒野老林，极难寻路而进。山顶危干岭故址，尚见往年遗下的一个大石磨。此处海拔与黄茅埂相等，寒冷气候则过之。过岭时适逢大雨狂风，有老背夫几近冻死。从锦屏山下坡，南望隔江云南井桧，村镇历历在目。到夹夹石始出丛林，已在雷波山背之上。

第二章　氏　族

凉山的倮倮社会，以氏族为最有规模的组织。氏族与氏族之间，有时暂时联盟抵御外侮，稍具部落组织的性质，但事后必又分道扬镳，各自为政，并没有超乎氏族之上的永久团体。

倮倮氏族有支系的分别。所谓氏族系专指黑夷或黑倮倮，因白夷或白倮倮都是追随黑夷主人，自己不成系统的。黑夷大支有恩札、阿着、阿洛、阿素、阿侯、素噶诸系。恩札支人口繁衍，为雷、马、屏、峨区最重要的支派。

恩札又称甘蒲田12支，即甘家及蒲田二家的总称。甘家在北，蔓延峨边县境之内，更自分支派。蒲田一系更分十一支派，即吼普、立峨、石图、立别、庚儿、水陆、立兔、阿支、乌抛、蛇披和暖峨等支。前五者（吼普、立峨、石图、立别、庚儿）又合称为下五支，分布于屏边西宁一带以及雷波县境之内，支系繁衍，素称强悍。下五支之外，其余六支多繁衍于马边县境。12支之中，吼普支为最强大，其势力广布雷、马、屏三县境域。

雷、马、屏、峨区的恩札支或甘蒲田12支，也蔓延于大凉山内。黄茅埂不但不能阻碍各族的交通，反而成为各氏族接触聚会之所。但因各支系繁衍错综，互相侵占，氏族支系的区域范围，极难有一定的界限。

次为阿着、阿洛两大支，系分布雷波、昭觉间的重要氏族。阿着支中先辈曾于明洪武四年（1371）投诚，封为土司，赐姓杨氏，即边民所称之杨土司。明清两代因欲维系边区夷民，实行土司制，累代世袭。康熙四十三年（1704）土司署设千万贯，现有之甘、蒲田、阿着、阿洛以及雷波境内之9支熟夷，均归土司管辖。若有夷变，政府责成土司剿抚，其协助政府之力不为不多。清末土司移驻雷波城北大旗山下望神坡，1911年后更移入城，1927年杨土司病死绝后，遗一女名黛娣，今已22岁，夷家对之仍甚尊敬，但以往威望势力全已消灭。阿洛支更派分4支，号称吴奇、补既、里区、磨石，从雷波附近往西繁殖，直达大凉山中央，美姑河一带，以及西去竹核尚有阿洛支的势力。

阿素为雷、昭觉间的小支，但亦自成一个氏族系统。此外在雷波境内，有熟夷9家，皆系甘、蒲田、阿着、阿洛诸支中夷人因投诚而冠以汉姓者。汉人别称之为内9支，用以分别阿着、阿洛5支与甘、蒲田下5支诸外支生夷。内9支包括9家，是为丁家、卢家、朱家、胡家、韩家、徐家、马家、苏家和安家。这9支分布区域都在雷波与黄茅埂之间，北达大小谷堆、滥坝子，南越金沙江入云南省境。

阿侯、素噶两支，全在西康昭觉境内。阿侯、素噶以及阿洛、马家为昭觉的巨族，支派虽不若雷波夷家之繁杂，但人口繁盛，势力极大，故可并吞昭觉全县。

我们既知大小凉山保保支系的梗概，可进而探讨夷家氏族如何组成。所谓氏族系由父姓一系流传下来的族属。保保原无姓氏，其族属的结合则以祖先之名号称其支系，因有里区支、吴奇支等的氏族名称。一个氏族的人民因有共同的祖先，虽各处不同地域，但彼此必以氏族亲属相待，相见称呼则按辈分计算，亲属间共同负有义务与责任。

夷家氏族原是合聚一处，成为村落，但村落住户的排布和汉人村落不同，不是户户毗连，而是住户散布于斜坡或平坝之上。住屋与住屋间的距离，从二三丈到数十丈不等。每村落从几家住户到四五十家住户亦不等，氏族所居的区域，往往包括好些村落，这些村落有时相互为邻，只有几里或几十里的隔离。例如里区支在三河以哲溪流入夷车河的三江口，三面坡上分立三河以达、巴普和以鲁三个村落，都属于里区氏族。在大凉山中，尚有里区那达、米罗、里区挖施、八其罗等各村，也是里区支的人民。有时同一氏族因为移民迁徙之故，相隔甚远。再如里区支不但分住大凉山，在黄茅埂以东的八寨区里，也有里区支系散布其间，诸如滥坝子、田家湾、马颈子、拉里沟、五官寨子、麻柳湾等处皆是。

氏族支系分散各区之后，彼此若非有特殊事情，平日也不相往来。主要的社会团体，当以氏族村落为一关系密切的单位。氏族村落含有两种条件的结合：第一，在血统上氏族系同一父系祖先所繁衍下来的子孙。第二，在区域上村落占据一定的地理范围，为全村人民生活的根据地。换言之，氏族村落是血缘地缘的两重条件的结合。我们将来讨论打冤家之时，更可看到氏族村落的重要性。打冤家的对象往往是攻击对方村落，以图满足劫杀掳掠的欲望。因是之故，氏族村落的团结格外加强，一方用以保持族支的尊严，一方则防卫祖传地域，以免被敌人侵占。

氏族村落的团结，也须依赖族间的政治组织或村落的首领等等。奇怪的是倮倮既无近代的政治团体，也没有一定的领袖方式。不像澳洲土人，氏族内年长之人可握有政权，也不像闽粤一带的宗族，规定辈分及年龄最高之人以为族长。倮倮氏族的首领完全依赖个人的能力。氏族中的男人，由于打冤家的成功，以及办事的能干，族人有事就自然而然地投奔而来。此人必见义勇为，出而治理族间事务，一旦村内有事，必集合族人，出号施令，自己渐渐居于首领的地位。好比三河以达的首领，原为里区制铁，1940年四川省政府施教团曾聘之为保头。保头一词系边民用以表示黑夷的首领，一个有力黑夷能够保卫他的族人以及族内的娃子和财产，即可作为保头。汉人在黑夷保护之下以生存者，亦称黑夷为保头。作者入山考察，聘用黑夷护送保卫行旅的安全，此等黑夷亦是保头。制铁当年为三河以达村最有力的黑夷，夷人咸称之为"硬都都"。"硬都都"为夷家名词，形容有势力权柄之人，权势愈大，则其人愈硬。那么能够有力为保头之人，都是"硬都都"。制铁于年前病死，他的权势也随着他的死亡而消逝。倮倮首领的地位，必从个人能力得到，这地位至多维持终身，不能传袭。

制铁死后，继制铁而起者不是他的儿子，而是他的同曾祖兄弟里区打吉。打吉现年 35 岁，一个精明能干的黑夷，作者此次在大小凉山旅行考察，即聘打吉为保头。打吉父亲为船儿，原是马颈子一带的保头。1919 年之变，他系重要祸首之一，事后复返原村三河以达，不久病死。当时打吉才 11 岁，孤苦伶仃，无所依靠。经过 10 余年的挣扎经营，后来娶妻生子，渐有积聚，现在居然为三河以达村的富户。打吉有二妹，大妹嫁于雷西乌角胡兴民为妻，五六年前兴民逝世，遗下里区氏及二幼女。打吉因协助其妹治理事务，时常往返雷波与大凉山之间，又与汉人接触，得悉外间情形，为凉山中比较开通的黑夷。制铁死后，打吉为众望所归，一跃而为三河以达里区支的领袖。此次打吉率领作者及考察团入山，系他初次保证汉人旅行凉山。村内有两位族叔讽谓打吉将变成汉人，倮倮排外心理，由此亦可见一斑。

小凉山中的麻柳湾，也是里区支村落。夷目里区别土原为著名叛夷，晚年改变作风，安分投诚，霸居麻柳湾。别土有一儿子，很是聪明伶俐，有一次在山王庙前与别土族侄名打一者戏弄手枪，打一误毙别土的儿子。按夷家惯例，族人仇杀，以偿命论。于是别土杀牛宴请族人，公议打一必须偿命。打一两次服药自杀未果。后来别土忽然逝世，没有人迫促打一偿命，他因此得以生存。今年七月间，雷波驻军有一部到麻柳湾附近砍拾木柴，夷人以为军队来此搜索鸦片，因麻村为夷汉鸦片买卖要口之一，遂引起误会。里区族人由打一召集，携械防御，两方就冲突起来。事后麻柳湾夷人和军队结怨，几次冲突，都是由里区打一领导。其他族内事务与夷汉交涉事宜，也都是经打一办理，打一就一跃而为麻柳湾里区支的首领。可见夷人领袖的地位，全是由个人能力争取，特别这人能够召集族人做战争工作，经过几次发号施令，他就成为大家公认的保头了。

同一族支之间，虽是村落远隔，但彼此视为同宗亲属，往来系善意的、友好的。同一氏族没有打冤家的事情,因打冤家系不同氏族间的争斗。作者视察麻柳湾之时,里区打一正与雷城驻军及汉人交恶仇视,所以有人劝作者不可造次,但保头里区打吉力言无妨,打吉是打一同支族叔,两人又都是有名望的黑夷首领,彼此必可顾全面子。果然我们来到山王庙的时候,3个守关白夷,就向关外通达消息,顷刻之间打一率领白夷娃子10余人浩浩荡荡地前来迎接我们。带了两只公鸡献为酒礼,并托翻译说了许多谦逊的话。作者奇怪的是雷城汉人所谓凶恶暴戾的打一,何以在我们面前表现如此的驯良。可见人性到处相同,不论夷汉责人狠恶抑赞人善良,乃视其人为本人的仇敌抑为本人的朋友。

氏族村落的领袖,虽系由于个人能力得来,但族人百姓拥戴与否也是一个重要条件,村落中黑夷占极少数,白夷娃子占大多数。黑白夷的关系,将于"阶级"一章详细叙述。这里我们简单地说明黑夷是统治阶级,白夷是被统治阶级,生来阶级分明,不可紊乱。在保保社会之中,一个黑夷不但视其族间白夷为娃子,即对族外白夷,也待之如奴隶。反之,一个白夷除了奉他自己的黑夷家主之外,也必须伺事任何黑夷为主子。一村之中白夷家户多于黑夷,白夷故应认任何黑夷为主子,但对于拥戴黑夷中谁为首领,却也有相当的力量,因白夷人多,他们的意见即是公意。雷波西15里乌角哨上一带系熟夷胡家氏族散布的村落。胡兴民年轻之时,他的叔祖母乌抛氏,因叔祖无后,就把她的姊姊之子阿着铁木抱在家里教养长大。叔祖逝世,乌抛氏意以铁木为承继人,治理胡氏村落及一切财产事务。铁木颇精明能干,但因乖于夷俗,治下白夷不服,群起拥兴民为首,驱逐铁木出村。胡兴民曾于雷波郭纯之先生办团练时,入团受训,汉化程度很深,对于汉人感情亦良好,特别关于开辟雷、黄间的交通,兴民的贡献甚多。胡氏用种种手腕,联络恩札支夷人,以张声势,更因汉化之故,用双挑名义,原妻里区氏之外,又娶吴奇氏为次妻,以继叔祖之后,因是吴奇氏娶来与叔祖母乌抛氏同住。兴民联络各支夷人,声望日高,两妻党背景浓厚,更增长他的势力,夷汉之间又多事联系，所以他是很成功的夷家首领。雷地汉人提及胡兴民，莫不起敬佩之心。

乌角地近汉城，曾经汉人开辟，住民又系熟夷，且有汉人杂居其间，在社会组织方面，难免受汉化影响，与其他生夷之区稍有不同。同时地当夷汉往来之冲，又系大凉山出入要口，若非精明能干的首领扼守该处，甚难驾驭各方的冲突。胡兴民于五六年前逝世，遗下两妻儿女，里区氏有二幼女，吴奇氏一子尚在怀抱中。家无雄主，变乱遂产生。兴民有族叔胡长保者。意图娶里区氏，以继兴民之业，按夷例夫死妻可转嫁夫之兄弟或夫之叔侄等。里区氏不愿转嫁，暗使其娘家兄弟将长保击毙。长保家丁单弱，唯舅家表兄吴奇孤保申言代其报仇，率领族众来乌角打冤家，曾有数度往返袭击，两方均有死伤。后来经中人说合，渐渐平息下去。夷人冤家械斗最为普遍之事，有累代仇杀不可冰解者。唯长保一案，关系不在两族之间，故冤家终至打不成。兴民与长保为同族叔侄，族间冲突，向以族内惯例解决，不可以冤家对待。同时兴民次妻吴奇氏与吴奇孤保又系同族。吴奇氏及其娘家，如助其夫对敌孤保，又不免发生吴奇族间之冤家争斗，这种不是同一族支一致对外的仇视，往往实力分化，关系复杂，实难引起长久的冤家械斗。

长保案解决之后，乌角胡家白夷百姓，不下百户，鉴于族主位置虚悬，群议拥兴民堂弟招赘里区氏。兴民无兄弟，唯其叔有3子，皆兴民堂兄弟。长弟兴伦已有妻室，三弟尚幼，唯二弟兴巢已14岁，可合格承继寡嫂。一日白夷百姓，仓卒间拥兴巢至里区氏屋内，欲行撮合婚配，谁知里区氏微闻消息，远避不纳。百姓又拥兴巢至吴奇氏住处，氏纳之，越年生一女，唯不久吴奇氏病死，今氏父吴奇失途长住女家，照顾两幼甥。

现在乌角统治之权，全操于里区氏之手，雷波县政府任命里区氏为特编保保长，氏有管家娃子蔡某，代为接洽对外事宜，亦称为蔡保长。里区氏能够拥有治权，俨然一位女酋长，实亦因其娘家势力雄厚。氏兄里区打吉往往前来乌角辅助其妹治理各项事务，更无人敢起觊觎之心。但此非长久之策，里区氏自知甚明，曾告作者命运不佳，未曾生男。氏年不过 31 岁，按夷俗理应转嫁，唯每申言依汉俗将守寡终身。乌角为夷汉文化间杂之区，其社会如何演变，亦视乎将来夷汉关系如何调整而定。

氏族村落有了公认的首领，百姓又能拥戴，村间的团结力遂甚浓厚。每有事故，只要首领登高一呼，村内各户壮男，莫不立刻集合，听候领袖的调遣，或出发远征冤家仇敌，或排布村前保卫族人。麻柳湾夷人既与雷波驻军结怨，稍闻驻军出动，打一即集合数十人埋伏山王庙坡前，等待驻军过坡下金竹嘴之时，准备迎头痛击。驻军与夷人如此冲突，非止一次。乌角胡长保事发生之后，吴奇孤保曾几次前来暗袭，杀掠百姓，劫夺牲畜。里区氏虽系女流，但为一村首领，必亲自指挥管家蔡保长，集合村民抵御外侮，当时乌角尚驻有汉人军队，因里区氏为全村保长，驻军亦出动辅助防御工作。因此村落单位的维持，其主要条件实在于族人的团结，能拥有实力以保卫全村人民的生命与财产，使氏族村落永久保持一个独立的局面。

氏族首领须表现勇敢的精神，每有斗争身先士卒，才能令人敬服。不但首领如是，即全族黑夷皆须勇往直前，领导白夷娃子出征，因是黑夷养成奋不顾身视死如归的态度，白夷惯于追随，永远听令，居于服从的地位。里区打吉率领我们考察团出山回雷之日，路过荆棘丛生的危干岭高坡，当时狂风大雨相继而来，满山丛草没有行道，大家既迫于雨淋寒冷，又恐惧虎豹蛇蝎的来临，没有一人敢先行前进，唯打吉挺身领队，先自钻进草丛中寻路而去，那种勇敢坚毅的神态，真令作者思慕不已。

夷家首领的勇敢，只是首领一面的性格。只有勇敢尚不足居于领导的地位。里区别土有一嫡亲侄儿，25 岁，年龄与打一相仿，系麻柳湾有名的勇士，据说每战必挺身在前，且瞄准力甚正确，有放枪百发百中之誉。这侄儿只是勇敢，为人鲁莽愚钝，不足服众，所以别土死后，打一虽系远房，反继为麻村的首领。里区打吉亦是智勇双全的保头，他在乌角协助其妹办理族务，多用政治手腕联络附近各支夷人，且对汉人亦甚拉拢，常得雷城办夷务者的信任。近来每有夷汉交涉之事发生，打吉总是从中撮合之人。因此之故，作者凉山之行，打吉即被介绍而为主要保头。入山从马颈子西行，打吉暗嘱其表兄阿着哲觉率娃子护送考察团去丁家坪，他与其族侄老穆绕道到捉脚那达等待我们。当时作者颇怪打吉半途失踪，事后始知马颈子与丁家坪之间为补既支地面。补既支与里区支系冤家，过境拦路，未免发生冲突，故派没有仇家的阿着护送，既不费兵力，又毫无危险。打吉用心，如此可见。

氏族秩序的维持，赖有智勇兼全的领袖与爱戴领袖的百姓，上下合力，团结一致。村落之中若有纷争纠葛之事发生，多由黑夷家主裁判解决，白夷无有不听命者。黑夷间争执之事，则由有力的当事人从中调解，这当事人往往就是村中的领袖或保头。年纪稍长的当事人，因有丰富的经验，超越的见识，族人莫不信赖他，他的言论大家必奉为圭臬。年老者为首领或当事人之时，对于族支间的斗争，可不亲自参加，唯坐镇村中，运筹帷幄，别遣子弟儿侄辈领导出征。巴普村首领为里区笑哈，一个身材魁梧、经验丰富的老黑夷。他因年事稍长，蛰居家中，有事时则派其侄老穆出面办理。老穆不过 25 岁，有一次在黄茅埂东侧硬裹落骨的老林中，独力捆掳从大凉山中脱逃的 3 个汉人娃子，因是有勇名。此次考察团入山，打吉所以招老穆为第二保头者，半亦因老穆背后有亲伯笑哈，笑哈系里区支第一个"硬都都"。

里区支全族当以夷车河与三河以哲溪的交叉点为中心，巴普、以鲁和三河以达共有住户百余家。百余家中只有 14 户为黑夷，其余全系白夷。里区笑哈不但是巴普村的首领，也是里区全族最高贵的头目。凉山夷人都尊称他为阿洛乌黑，没有一人敢叫他本名笑哈。阿洛为里区支派分出来的原系祖先，称之以见其尊，乌黑亦夷语尊敬之意。里区全支只有一人可尊称为阿洛乌黑，此人必须能干，有思想，有德行，并亦有相当年龄者。待他死后，才可另选一个年高德厚的人，继承这个尊称。实则，这尊称系礼貌之词，当然也包括实际的权力。不过着重道德的含义，过于政治的含义罢了。

里区支的阿洛乌黑系作者此次在夷人社会中见到最高大的人，测量立高184公分。世界各种族平均立高为165公分，乌黑的高大雄伟由此可见。至于他的思想和道德，亦可从作者亲历的事实以为明证。考察团原聘打吉为主要保头率领入山，打吉邀偅老穆为第二保头。中途打吉另邀阿着哲觉为第三保头。哲觉为人好酒，酒后狂言乱语，且常发生暴戾行为，在路上已有几次欺诈考察团，并谋勒索财物。考察团在三河以达、巴普等处工作之后，打吉有意命哲觉及老穆二人护送出山，自己却不想再回雷城。我们微闻消息，心上极为不安，因哲觉入山曾有捣乱之事发生，幸赖打吉在场阻挡，出山若由哲觉负责，我等或有被卖为娃子的危险。甚幸行前打吉问计于阿洛乌黑，乌黑直责打吉，既保汉官入山，当谨慎从事，安全护送出境。且云哲觉狂人，不可信赖，路中万一变卦，岂不贻误汉官，同时亦将败坏里区支的声誉。打吉闻言始了解觉悟，决计仍亲自保护考察团返雷。当夜由乌黑提议，向众宣言，我们全团明日动身，从女红、吴奇塔妻经省已翻黄茅埂过拉米出境。实则暗中筹划避免哲觉及外人耳目，速由特喜翻岗出大小谷堆。因哲觉既心怀不测，或于省已、拉米路上已有排布劫夺之事。考察团终至安全返雷，但追忆阿洛乌黑道德崇高，思虑周到，使作者不能不对于夷家首领，产生敬佩之心。

第三章 亲 属

亲属虽然与氏族发生密切的关系，但不是二而一的事件。亲属团体与氏族团体各有明显的范围，二者皆是从家族的单位发展而成的。我们说明一个家族，必有一个男人为父亲，一个女人为母亲，所以家族必是双系的。氏族则系由家族的单系传衍而扩张的团体：好比北美西南区的租尼（Zuni）族和美拉尼西亚的土洛不列恩德岛人（Trobrianders）都是从母姓一系相传的氏族，普通称为母系社会，倮倮氏族则系从父姓单系相传结合而成的团体，也可称为父系社会。

亲属与氏族不同，因为亲属为双系或多系的，而不是单系的。亲属也从家族单位发展，不但包括父系团体，并也包括母系团体。近代学术界普遍的错误，在于严格的分别父系社会和母系社会，以为二者系种类上的不同。实则，父系和母系不是绝对不同的东西。父母两系相异之处，在于团体间人员的关系而有程度上变更的分别。好比在母系社会的时候，必有父系亲属的存在，不过子女和母系团体接触的机会远超过和父系团体接触的机会。反之，在父系社会的时候，也必有母系亲属的存在，子女和母系团体的往来也就远不及和父系团体的往来。换言之，父母两系的分别，即在于关系上比较的着重一方，而不是种类上绝对的不同。因此之故，只是观察单系的氏族，不足表现社会现象的真相，加上考研双系的亲属，才可了解初民社区的全貌。

亲属为双系的，已如上述，但扩大言之，父母两系之外，举凡夫党、妻党、婿族、媳族等，亦莫不在亲属范围之内，所以亲属又是多系的。在亲属之内，人与人间的联系，必有称谓名词，用以标明彼此的关系。亲属称谓的系统，自摩尔根（Lewis H.Morgan）之后的人类学家，已大规模地应用于实地工作和考察分析，并已得有良好的效果。

倮倮称谓的名词，已全部列成表格，刊入本书附录一之内。因欲避免重复起见，本书文中皆用汉译名词，以为讨论分析的根据，举凡夷文方式与标音符号，则请读者参照附录一的表格。我们首先注意的问题，就是如何分别倮倮亲属的名词，按照社会结构的实况，列成各类系统，用以表达亲属间不同的关系。任何亲属团体，大别可分二类：一由于血统关系而成的亲属，简称血亲；一由于婚姻结合而成的亲属，简称姻亲。倮倮血亲严格的分别父族与外族的不同，因为倮倮氏族的组织乃系根据父族的亲属团体，氏族人员自成一套的关系。族外血亲则另成一套的关系，二者有别，不可混为一谈。今将倮倮父系及其有关的亲属称谓，列成图表，使读者易于明了并讨论时有所根据。

参阅第一图表（见下页图）倮倮父系亲属系统，即可得知父族组织的梗概。父系血亲若从倮倮观点看来，严格地分为两类：一类父系同族的团体，即罗马语文所谓的"父族血亲"（Agnates）；另一类族外亲属唯与自己有血统关系的团体，亦即罗马语文所谓的"族外血亲"（Cognates）。父族血亲又有直系、旁系两类：直系亲属有父、祖、子、女、孙子女等，旁系亲属有伯叔父、兄弟姊妹、侄儿女等。倮倮对于直系、旁系的区别并不重视，因是二者皆为组成父系氏族的基本团体。前章已说明氏族组织，氏族乃系父族血亲向旁系伸展而扩大的一个团体，有时包括十余代甚至几十代，凡在同一支系内的同辈男女，皆视为兄弟姊妹，彼此同为一个氏族的属员，即此已足明了倮倮之重视父系氏族。

父系亲属尚有一支族外血亲，包括姑母的儿女或姑表兄弟姊妹，姊妹的儿女或外侄外侄女，女之子女或外孙外孙女等。这些亲属与自己都有血统关系，但非同一氏族属员。氏族属员与族外亲属关系

第一图 表

保保父系亲属系统

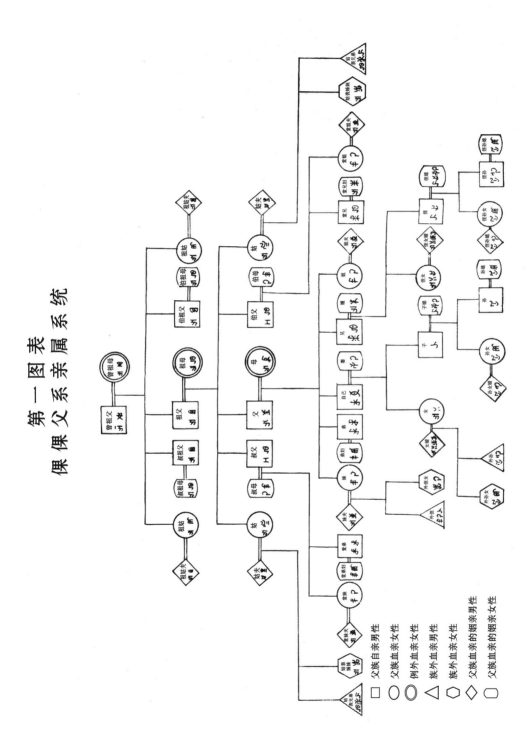

不同，彼此间的义务与责任不同，因是倮倮才有严格的父族血亲与族外血亲的区别。

　　亲属图表的绘制，不但要表现亲属的系统，并要表现各类不同的亲属及其间不同的关系。在第一图表之内，我们应用不同的格式，代表性别不同、氏族不同、关系不同的各类亲属。父族血亲用两种不同格式：□形代表男性，○形代表女性。每一格式内有一名词，表示一个亲属或同一类的亲属。族外血亲也用两种格式：△形代表男性，○形代表女性。我们再郑重地申明一次，只有父族血亲同为氏族属员，族外血亲虽从父系追溯关系，却不是氏族属员，而另成一类的亲属。

　　亲属两大类，血亲之外，尚有姻亲。若按婚姻结合的性质，姻亲可分三类。第一，与父族血亲发生婚姻关系的亲属，诸如从父族娶出女子的人，有姑夫、姊妹夫、女婿、侄婿等。又如嫁入父族的女性，有伯叔母、兄嫂、弟妇、儿媳、侄媳等。这类就是父族血亲的姻亲（Agnatic Affinals）。图表中有母亲、祖母、曾祖母三个亲属为一特殊情形。是三者皆系族外嫁入本族的女性，但与自己都有血统关系，故用双重格式，表示例外。第二，与族外血亲发生婚姻关系的亲属，诸如姑表兄弟之妻、姑表姊妹之夫、外侄婿、外侄妇、外孙婿、外孙妇等。这类亲属就是族外血亲的姻亲（Cognatic Affinals）。在倮倮语文之内，这类亲属没有称谓名词。原因是按倮倮的传统惯例，与族外血亲发生婚姻者，即系父族血亲，这些父族血亲已有亲属关系，所以没有另外的称谓名词。此点将来研讨婚姻关系的时候，就可格外明了。第三，由于自己婚姻而发生关系的亲属，或称单纯姻亲（Pure Affinals）。从男子立场而论，即是妻党包括岳父母、妻兄弟、内侄儿女等。若从女子立场而论，即系夫族的亲属团体。此节将来当更详论。以上三类姻亲，皆以◇形格式代表男性，□形格式代表女性。这么一来，父族血亲、族外血亲与姻亲三者的不同关系，都有不同格式表现，读者参阅图表即可一目了然，区别不同的亲属团体。

俅俅亲属称谓的形成，有几个普遍的原则，我们应加特别注意。第一，父母两系的不同，为区别称谓最基本的条件。换言之，世系不同，称谓亦随之而异。父系亲属已如上述，母系亲属亦当详论。第二，性别不同，称谓也就不同。无论血亲姻亲，没有性别不同名词相同的现象。第三，辈分不同也是区别称谓的条件。父系之父祖子孙各代，都有不同的称谓名词。第四，直系亲属与旁系亲属的不同，称谓也就不同。父为直系，伯叔为旁系，称谓名词则互异，子女为直系，侄儿女为旁系，称谓名词亦互异。母系亲属不与父族有关，但亦是旁系。俅俅着重之点，在于族内外的区别，不在于旁直系的分野。第五，俅族注重长房，为一极特殊情形。伯父的儿女不分年龄，皆称兄姊，伯祖的孙儿女亦称兄姊。反之，叔父的儿女并叔祖的孙儿女，不分年龄长幼，全数统称弟妹。

图表中的名词，皆系间接的称谓（Terms of Indirect Address）。亲属名词有直接称谓（Direct Address）与间接称谓的分别。间接称谓乃系对他人叙述我所称谓的亲属，好比我对别人称我的父亲为父亲。直接称谓乃系对所关系的亲属直接的呼喊，好比我在父亲面前呼唤他为爸爸，而不是呼唤他为父亲。直接称谓在日常生活中用处甚大，亲属关系亦皆从此种称谓表现出来，所以我们不可把它们忽略了。

先从同辈说起，俅俅的兄弟姊妹，和我们汉族一样共有四个间接称谓的专词。直接称谓的情形略有不同。兄姊对弟妹都是呼名，没有专词用为呼唤。弟妹对兄姊都有按序的称谓名词。所谓按序乃按兄姊出生的次序，列为长幼，以便呼唤。参见附录一乙. 俅俅直接称谓名词第一表，即可得知详情。无论兄妹各有 5 个直接称谓的名词，假若一人有 6 兄，第六兄与第五兄同用一词呼唤。实则，俅族人口极不发展，死亡率甚高，兄弟人数在 5 人以上者，至为罕见。伯父之子女年龄虽小，亦当呼为兄姊按序称谓。叔父之子女则反之，不论年龄皆可呼名。不过，俅俅兄弟姊妹之间，有一集合名词，统括兄弟姊妹的关系。此词俅语谓之 ma dzz gni mo。称谓名词不但表示人与人的关系，并也规定关系中彼此所应对待的行为，彼此所应

云南文库·大家文丛

尽的责任与义务。好比倮倮男女，凡在 ma dzz gni mo 关系之内的人，彼此绝对禁止婚配。由于名词扩大应用，凡父族中同辈的男女，都是兄弟姊妹的关系，彼此也就没有婚姻的可能。

父亲同辈兄弟，直系有一词，旁系亦有一词，包括伯叔父，没有年龄的区别。那就是说，倮倮不像我们汉族称谓，比父亲年长者称为伯父，比父亲年幼者称为叔父，父亲姊妹亦只有一词，不分年龄长幼。至于直接称谓，父亲一词与间接称谓相同。伯叔父的直接称谓，则在父亲一词后，加上五个尾音，按出生的次序称呼。参阅附录一直接称谓第三表即可明了。如果父亲为长兄，其他叔父则加上第二、三、四、五诸尾音。如果父亲为次兄，父之长兄加上第一尾音，父之诸弟则加上第三、四、五诸尾音，余皆可类推。换言之，伯叔父的直接称谓，必按着父亲出生的次序为转移。名词表面上没有年龄的区别，那就是说从名词的呼唤上，看不出谁为伯父，谁为叔父。父亲之堂兄弟，那就是我之堂伯叔，我对之称谓则按堂伯叔自己兄弟出生的次序喊呼，不与父亲兄弟相连。姑母的直接称谓另按姑母姊妹出生的次序，与男子不相混乱。姑夫只有一词，没有次序的分别，有时姑夫亦称为舅父，因姑夫未娶姑母之前，他原为自我的母舅。

祖父一辈有祖父、祖母、祖姑三词。直接称谓即在三词之后，加上按序的五个尾音。曾祖、曾祖母二词既没有直接间接的分别，也没有按照次序的称呼。实则，曾祖以上的男女没有其他专词，即以曾祖、曾祖母二词以概括之。

弟妹子侄以及其他在自我辈分以下的男女，皆可呼名，没有直接称谓的名词。一个例外情形，即翁呼媳为 Sa mo。翁媳本有回避的忌讳（Avoidance），彼此不能见面，不能对话，但有时在远处可允许喊叫。此等忌讳亦不外表示亲属间所应尽的行为关系而已。

父系亲属的称谓系统既如上述，今将倮倮母系亲属系统列成第二图表（见下页图），用为比较并研讨两系间的关系。

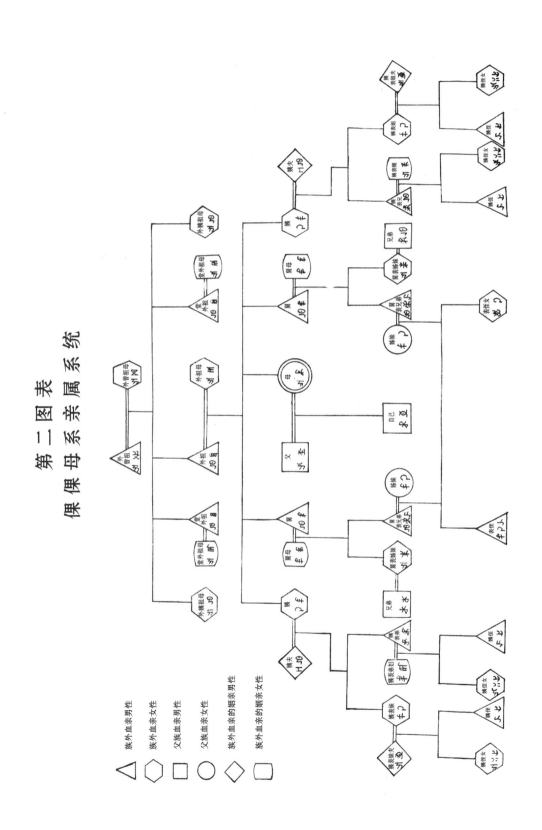

　　母亲的兄弟姊妹，那就是自己的舅父姨母。舅父有一专词与伯叔父有别，姨母亦有专词，又与姑母有别。如此可见父系与母系之严格区分。倮倮不似英美亲属制度，因英语伯叔与舅父同为一词，姨母、姑母与伯叔母又同为一词。可见英美亲属并不重视父母两系的区分。称谓代表关系，反映社会组织。比较倮倮与英美的称谓名词，即知二者为不同性质的社会。

　　无论舅父、舅母、姨母、姨父，四者皆有直接称谓名词，以便按序呼唤。参阅附录一直接称谓第二表即知详情。舅父舅母与自己的关系甚为密切，往往舅父母即是自己的岳父母，按倮倮惯例对于舅父的女儿自我有优先择配的权利。姨母可能嫁与伯叔父，称谓与伯叔母同。姨父的直接称谓与伯叔父无异。姨父母之子女与自己的关系，与堂兄弟姊妹一般。母姊之子女，即我的姨表兄弟姊妹，我皆称之为兄姊，母妹之子女皆为我的弟妹。姨表兄弟姊妹之子女又皆为我的侄儿女。因为姨母一系的关系，有人以为倮倮偏重母系，自属误谬之论。比较分析夷家的亲属系统，以及系统中人与人关系与生活情形，自知倮倮偏重父系。父系亲属乃为氏族结合的根源，氏族村落又为社会组织的中心。不过，对于母系亲属往来亦极密切，特别在婚姻关系上，有世代互婚的惯例，亲上加亲，母系亲属成为父族之外与自己生活最有关系的团体。

　　舅父之子女即我的舅表兄弟姊妹，皆有直接称谓，按序称呼，附录一直接称谓第四表可见详情。舅表兄弟之妻与自己皆以姊妹相称，舅表姊妹之夫与自己则以兄弟相称。自己或兄弟对于舅表姊妹有优先择偶的权利；反之，舅表兄弟对于自己姊妹也有优先择偶的权利。换言之，夷家实行姑舅中表婚姻。姑舅中表亦称交错从表，从英语 Cross-cousins 一词翻译而来。交错从表与并行从表（Parallel Cousins），二者为相对的名词，兄与弟之子女为并行从表，亦即汉语所谓之堂兄弟姊妹。姊与妹之子女亦为并行从表，汉语谓之姨表兄弟姊妹。兄与妹或姊与弟之子女，互为交错从表，亦即姑舅中表。倮语有一集合名词 o zie a sa，即指姑舅中表或交错从表。o zie a sa 与 ma dzz gni mo 二词意义相对，所指的关系亦相反。前者交错从表，有优先婚配的关系；后者兄弟姊妹或平行从表，绝对禁止发生婚姻的关系。

　　父母两族的中表婚配，乃系累代实行，是以亲属称谓的形成，颇受婚姻关系的影响。试观外祖一代的亲属，外祖母一词与祖姑相同，那就是说外祖母可能即是自己的祖姑。同时，外祖母姊妹的称谓与祖母及伯叔祖母相同，那就是说自己的祖母或伯叔祖母可能即是外祖的姊妹。换言之，父母两系从称谓上看来，祖父与外祖一辈已实行交错从表的婚姻。

　　从自己的后辈关系，观察亲属称谓，也一样的表示姑舅中表婚姻，舅表兄弟之子往往也是姊妹之子，或说表侄即是外侄。舅表兄弟之女也即是姊妹之女，或说表侄女即是外侄女。表侄或外侄可能即是自己的女婿或侄婿，表侄女或外侄女又可能是自己的儿媳或侄媳。这些后辈亲属都没有直接称谓，因皆可呼名。此中有一例外，即表侄女或外侄女可呼为 sa mo，与呼儿媳相同。

　　夷家累代实行姑舅中表婚姻，父母两系的亲属遂交相错综，演成重重的血亲姻亲关系。妻党亲属也因交错从表的婚配，称谓制度几乎全由母系亲属脱胎蜕变而来。参见第三图表（见下页图），即知详情。

　　岳祖父母的称谓，与外祖父母无异。岳父母即系舅父母。有时岳父母的称谓，与称姑父母相同，原因系由于自我娶姑父母的女儿。如果自己不娶舅父之女，也不娶姑母之女，在称谓上岳父母仍与舅父母相同，可见倮民实行舅氏子女婚配，历史已极长久，以舅父一词为岳父，在称谓上已包括两重的关系。

　　妻子兄弟姊妹即为舅表兄弟姊妹。妻嫂与妻弟妇亦即己之姊妹。妻姊妹与己兄弟原为交错从表，系有优先婚配的关系。因此，妻之姊妹夫又为己之兄弟。

　　如从女性为自我的立场而论，女子嫁入夫族对于夫党亲属的称谓，又另形成一个系统。参见第四图表（第三图表后），即知此系概况。

云南文库·大家文丛

第三图表
妻党亲属系统

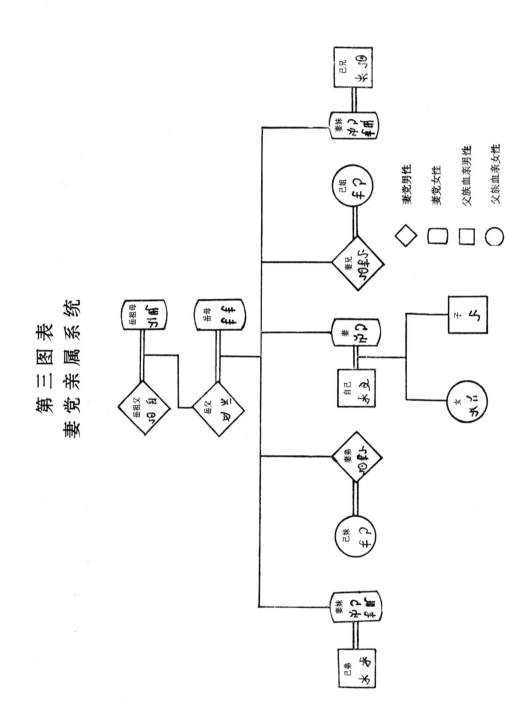

第四图表
夫党亲属系统

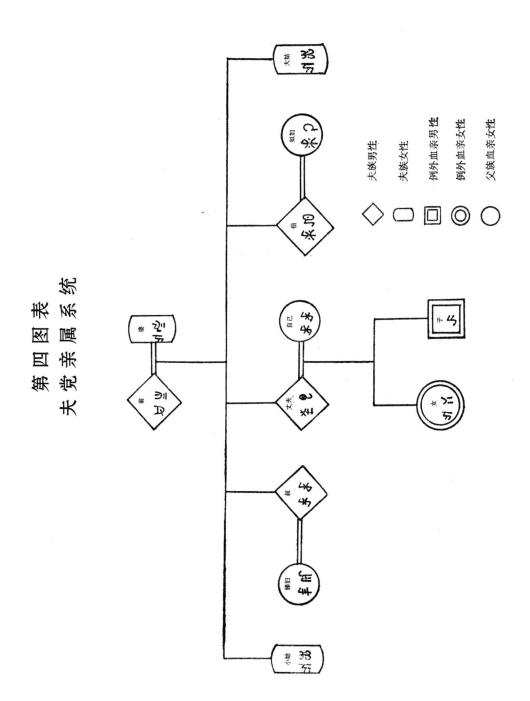

菊婶 婶婶

自己 妻妹

叔叔 妻哥

嫂妇 手侄

弟媳 小姑

大姑 兄哥

姑伯 采？

姑伯 采加

子 子

女 女儿

◇ 夫族男性

⬭ 夫族女性

▢ 例外血亲男性

◎ 例外血亲女性

○ 父族血亲女性

　　夫妇两词皆系间接称谓，夫妇当面不相呼唤，故无直接称谓专词。但至儿女出生之后，男女皆可追随儿女，呼夫为父，呼妻为母。夫父母的称谓与姑父母相同，但因翁媳回避的禁例，翁媳极少直接呼唤。有时，翁姑亦称为舅父母，乃因女子嫁入舅家的缘故。夫之兄弟随夫称兄弟，妯娌则以姊妹相称，因己之姊妹嫁于夫之兄弟，习俗相沿，如妯娌不是姊妹，亦以姊妹称呼。甚至一夫多妻之时，妻妾间亦以姊妹相称。姑嫂关系，夷语谓之 a mī a sa，a mī 原系弟妹称嫂，a sa 则系称姑母之女。称夫姊妹与称姑母之女相同，又不外为舅女嫁入姑家之一例。参阅附录一姑嫂对称的直接称谓第五表，即知姑嫂间的直接称谓稍有变化。姑嫂之中最长者一人称为 a sa，姑呼嫂或嫂呼姑，其余则按序喊呼。统括言之，妻在夫族的称谓，除了翁姑、妯娌、姑嫂之外，则追随其夫而称呼其他的亲属。

　　婿党与媳党的亲属称谓，也全部受着交错从表婚配的影响。参阅第五图表婚媳两党的亲属系统，即知此中的关系情形。

　　第五图表（见下页图）中婿之父为我之妻兄，亦即我之舅表兄弟，婿之母与我为姊妹的关系。媳之父为我之妻弟，亦即我之舅表兄弟，媳之母与我又为姊妹的关系。因为这个缘故，亲家对称为舅表兄弟，亲母对称则为姑嫂。

　　综观倮倮亲属称谓的系统，媳婿两党系由于妻党蜕化而来，妻党又由于母族亲属蜕化而来。归根结底，父母两系亲属最为基本，亦最为重要。父母两族因有交错从表优先择配的关系，彼此互通婚媾，彼此互相依赖，造成夷家亲属制度的特色。

第五图表
婿媳两党亲属系统

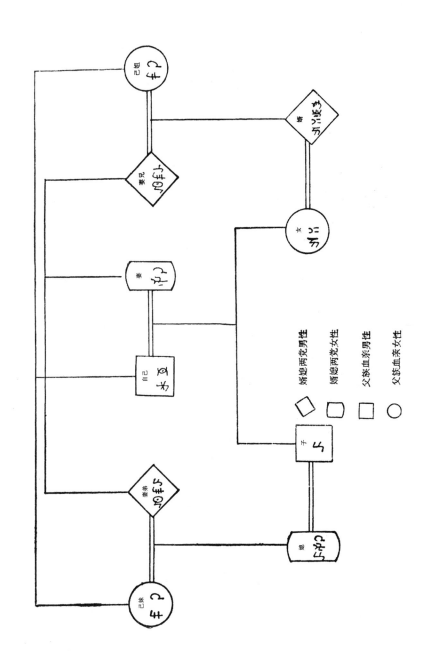

己祖 ₹⅄

婿 八⍩毛ɜ

女 八⍩

妻兄 ㄎᏧᴌ

妻 ㄑᄉ

自己 チㄨ

己妹 ₹⅄

妻弟 Ꮷᴌ

子 ᄃ

媳 八乇⅄

	婿媳两党男性
◇	婿媳两党女性
▢	父族血亲男性
▢	父族血亲男性
◻	父族血亲男性
○	父族血亲女性

第四章　家　族

　　倮倮氏族有基本的单位，那就是家族，家族又是关系最密切的亲属团体。一个氏族村落往往包括若干家族，约从 10 至 50 家之谱。每家占住屋一所，散布于平坝或斜坡之上，合成一个村落社区。

　　家族人员包括一对夫妇以及未婚的子女，子女长成婚嫁之时，则自成家族另居住处，所以倮倮实行普通所谓的小家庭制。家族有娃子奴隶，不在亲属关系之内，因此在家族中又有主奴的关系。夷人虽视娃子为财产的一部分，但娃子亦人，其行动必与团体生活有关，不能与物质财产无别。在"阶级"一章中将详细讨论娃子的地位，这里只稍涉及家族内与主奴有关的事情。

　　家族人员的动作与关系，必有物质的基础。今先叙述住屋，因住屋系家族聚居之所，亦为生活集中之点。夷家住屋颇表示其为适应环境的产物。大凉山中因为风雪的缘故，住屋一律矮小，围墙四方形，有一二扇大门，设于前墙或左右墙不等。譬如巴普村里区约哈的住屋只有一扇木制大门，设在右墙前半，与前墙角上的碉堡相去不远。我们进约哈之门，先见露天平场，场左或大门对面是一所木栅，内居家禽家畜。栅前系着狮狗一只，状极凶恶，见陌生人则狂吠，若非有铁链系锁，必定恶啮生人。凉山住户每家至少都有一只狗，用以警备仇敌，保卫住屋。考察团每过一个村落，必遭群狗的追逐与猛吠，若非同行保头夷人对付得法，我们虽有手杖，也无以实行自卫。

　　约哈住屋的围墙后半，建有长方形的居室，全部都是木料造成，即屋顶亦铺以木板，板上有石块压着，防御风雪，石块在屋顶排列，也很整齐可观。居室又有木门，却没有窗户，进入室中的第一个印象就是烟雾弥漫，口鼻窒息难堪，这是因为夷人在室内锅桩烧火之故。锅桩设在室内中央，唯稍靠左边。锅桩的建造很简单，地下挖一圆坑，直径约有3英尺，是为起火燃柴之处。坑上三角安插3块石片，就是铁锅的坐脚。大铁锅圆底形为汉地运来之物。燃火之法用铁击燧石，但圆坑中恒保火种，日夜相继，火燃不息。

锅桩在夷人家屋中，所居地位甚为重要，论及家族生活之时，就知道锅桩为一切活动的中心。我们进屋，约哈迎着，延我们坐在锅桩后面靠着后墙，这是尊敬贵客的坐处，他自己却坐在锅桩左边，表示主位。主位背后或住室左边隔着板墙就是主人卧眠之所，也是贵重物品重要食粮存贮的地方。锅桩前面有木柜、木架、水桶以及一切饮食用具。架下放着木柴和引火稻草。住室右边用竹篱隔开，后半置石磨、石臼、木桶、竹篓等物，前半架一木栏，栏内住着两条黄牛。这是约哈住室的排布情形。

大凉山住屋虽大抵相同，但亦有一二例外。好比保头打吉的住屋，声名满布凉山，却是汉化的夷屋。屋有砖墙瓦顶，石制拱门，门顶门旁且刻有汉字。入门有前后两进，前进汉式天井，两旁禽兽居栏。后进排列布局全为夷式，唯稍宽大，且较干净。锅桩石片刻有禽兽花草，风致美术，表示贵族人家的风度。

小凉山住屋略与大凉山住屋不同。小凉山住屋全系茅顶，没有木顶，且皆长方形，没有四方围墙。碉堡有时建于屋角，有时在左边或右边与住屋隔开。贫贱白夷之家，竹楼茅舍，更无碉堡之可言。至于屋内情形，夷家繁简虽不同，但排列布局却千篇一律。中央锅桩，左边卧室谷仓，右边石磨兽栏。这种物质文化的布局，也不外表示夷家有一套传统的习俗，控制家族内人员的动作行为。

倮倮的衣服修饰，也有一套的传统。男子剃发，唯于额前留一束，谓之"天菩萨"，系身体上神圣不可侵犯之处。夷人又将脸上胡须全部拔掉，使其断根。旅居乌角的吴奇失途，年逾70，"天菩萨"已全白，唯面上不见胡须。夷汉人民很难在体质上有所分别，但有"天菩萨"者知其为夷人，有胡须者必系汉人。不过汉人为娃子者，因被迫亦留有"天菩萨"。倮倮男子头上常包布帕，黑、白、蓝三色不等。布帕很长，环绕头上成一圆圈。有时帕尖系一线扎辫子。耸于额顶，似羚羊角，小凉山扒哈村黑夷卢学年就是如此装束。

脸部任其自然，尘垢堆积亦不洗擦。左耳耳叶下部必穿一孔，有的系挂红珠3枚，珠下缀以各色丝絮，有的戴上银耳环，亦有只用棉线穿过耳后而不加饰物。

上衣不分寒暑只有一件，多为蓝色，右边开袒，长及腰际，扣用骨制或布制。袖口及衣缘则以棉线缝上双重布边或几色花边。下体有裤，裤脚宽大，立正时颇似长裙，走路时常把裤脚外边系吊腰带间。夷人便溺只把裤脚一拉，不解腰带，似极方便。脚底无鞋，男女皆是天足。

夷人外着披风，为最重要的御寒工具。披风有两种：一为毡衣系由羊毛揉成，厚而温暖；一为氆衣系由羊毛织成，用以遮雨。毡衣氆衣皆可单独穿上，以为外套，亦可内着毡衣，外加氆衣。二者皆于颈部处缩紧，长逾于膝，唯氆衣下缘有线织流苏，状甚美丽。披风为夷人衣服特色，无论男女老幼无不穿着，流行至为普遍。

夷人女子衣饰，与男子略异。头部"天菩萨"却代以蓄发，并分年龄梳单辫双辫或盘发于头上。所戴头帕帽子，各种方式，亦有长幼时期的分别。女子左右两耳各穿两孔。一孔在耳叶下部，一孔在外耳壳中。耳饰则有红珠、银牌、珊瑚、耳坠等。

女子上衣，略似男子，唯衣襟袖口多缀花边。例如三河以达村里区取喜儿，衣缘有花边3道，衣领有银扣，5排并列。下体无裤，束以长裙，裙有层褶，杂间各色。外套毡衣氆衣，与男子无别。作者初到乌角之日，保长胡里区氏前来访问，远望黯黑女郎，披着氆衣流苏，曳地长裙，飘然迎面而来，大有皇后出行之态。

夷家食粮，依赖牧畜与农业二种。主要的是农业，每家都有耕地，赖土地出产为日常粮食。牧畜并不普遍，只是比较优裕家户，畜有羊群牛群。一般人以为倮倮现在还是游牧民族，是一个错误的观念。

关于农牧详情，将于"经济"一章中叙述。这里先提及劳作生活方面。家族内的操劳工作，都是娃子的任务，黑夷主子只居指导的地位，每一黑夷家户，必有几个娃子，谓之"锅桩娃子"，白夷或汉人皆可充当。锅桩娃子住于主人屋内，代主人劳作，一切衣食皆仰给于主人，自己没有财产，本身也是财产的一部分，主人可将其任意变卖。白夷百姓的家户，有独立住屋田地，牲畜财产，也有汉人娃子，代其劳作，但对于黑夷统治者，必须听令调遣，并尽其他义务，尚未绝对脱离奴隶的地位。

夷人家户无论主奴，皆清晨起来，用手拭擦眼睛，从无洗脸的习惯。男娃牧畜者就赶牛羊到山上放牧，耕作者则持农具到园地中犁牛割草。耕种系男女合作之事，我们常见在田园中，夫妇并肩操作，无论是撒种或是刈草，犁土或是收获，都有男女参加。放牧者往往带着隔夜的苞谷粑，在山上充饥。耕作者多于10点钟左右回屋吃早餐，餐后不再工作。或清晨在家，餐后才开始耕作。换言之，夷人对于农务，并不积极，凉山到处荒野，也不开拓垦殖，只要粮食足供一家之需，即已心满意足。

一日早晚两餐，都没有一定的时刻。备饭系女娃的任务，由主妇在住室内取出贮存的晒干的苞谷或荞麦，递给女娃去制造。无论苞谷或荞麦，都得先在石磨中磨成细粉。锅桩烧起火来，架上铁锅，把细粉倒入，加水煮过一道，然后再倒在圆竹箕上，捏成圆饼形，谓之苞谷粑或荞粑。苞谷粑必须再放铁锅中蒸过一道，然后才可充为食粮。平日便饭，苞谷粑之外，有酸菜汤用为佐餐。若加上煮洋芋，或豆腐及青菜合成的连渣菜，就是比较丰厚的餐饭了。

食时必先奉黑夷主子，端食品于锅桩左边或后边。夷人盛苞谷粑以竹箕，盛酸菜汤以木制小圆桶。桶中安置"马饰子"，为夷家特色的食具，功用和匙一般。"马饰子"为木制，柄长尺许，匙部椭圆形，径约3英寸。夷人两手抱粑而吃，咽吞时用右手执"马饰子"盛汤物传送入口。黑夷夫妇子女围食。绝不与白夷娃子同处共食，此系传统划分的惯例，已是牢不可破。且白夷只能在锅桩前面或右边坐食，不许坐在锅桩后边，因系尊客之处，也不许坐左边，因系主人坐息之处。

饮食规则，不但黑白夷必须分开，即亲属中有回避禁例者亦不能同食。倮倮虽行小家庭制，唯对款待客人一节，至为殷勤。亲属前来访问，须备饭接待，即陌生夷人入屋，亦被邀参加。翁媳回避，不能同食，岳母与女婿回避一如翁媳。叔嫂通问，但兄与弟妇也有回避禁例。里区故仆年才28岁，少于打吉，唯为打吉伯祖之孙，夷例为打吉之兄，一旦故仆至打吉家，作者目击打吉、故仆及打吉女儿3人围食，打吉妻恩札氏与其少子另放一套食具，与3人隔离而食。

考察团在凉山旅行之时，必须在人家寄宿取食。黑夷贵族之户，无不杀鸡羊招待。杀鸡不用刀，用手捏颈闭气而死，就火上灼去毛羽，然后烧烤或煮汤而食。杀羊必剥皮，手术灵敏，羊皮留下制造烟袋物袋。羊肉切成大块，连骨煮熟，稍稍加盐，味道至淡。夷人因少食盐，视盐极为宝贵。有木碗盛羊肉，碗平底宽口，外加颜色图画。夷人食时地上围坐，黑夷富户招待贵客有木制小圆桌，离地只有半尺，直径约2尺。打吉家招待我们，即用此小圆桌盛列羊肉、米饭等物。夷人与我们亦不同食，每餐必分四队，我等考察人员列为贵客，尊居锅桩后面为一队，黑夷主人家属为一队在左边，考察团备用工友及夷汉背子又一队在右边，最后一队则为主人家之锅桩娃子。后二队常相混，自相往来，唯主人贵客各自成队，永不与白夷或娃子相混。在夷人心目之中，考察人员即不啻为汉人贵族，与黑夷同等。

夷例食物不能独自享受，故夷家餐饭，无论何等贵重食品，莫不大家分享，即娃子亦不向隅。夷家杀羊招待我们，都是10余人一餐分食完毕，无所余留，食后围坐锅桩谈心，久而不散。特别有客人时或主人出外归家时，邻居来访，则滔滔不绝地谈论。打吉率我等初到三河以达之日，村中访问者络绎不绝，打吉皆一一倾酒相待，以木碗为酒杯。夷人好酒成为习惯，无论男女老幼，皆能一饮数杯，量极宏大，烧酒从汉地输入，但夷人亦自知用杂粮酿酒。夷人嗜酒狂饮，因酒醉闹事引起打冤家者，层出不穷。

晚餐在黄昏，餐后或出外乘凉，或坐谈嬉戏，大约天黑即入睡。睡眠无床铺，只倒地而卧。主人家属卧于住室，男娃环卧锅桩左右，女娃卧于屋右石磨附近。卧时无被褥的设备。倒在地上用毡衣盖上，首部缩于衣内，身脚亦缩成一团。我们旅居夷家，因带有蜡烛，燃光照耀，夷人莫不稀奇。于是谈天嬉戏，或吹口琴，或作歌唱，在黄茅埂右特喜一夜，且引起夷家姑嫂二人大跳锅桩舞，诚亦夷居中的一件乐事。

平日家族活动，工作饮食，游戏睡眠，轮流不息，成一生活上的均衡系统。但在一年之中，有许多例外日期，诸如年节、疾病、送鬼、祈雨等等。这些节期的一套举动与平日生活不同，因是亲属间人与人的关系，也重新地调整一下，平日均衡稍为变更，生活系统也应时更新。

夷人年节无一定日期，历法则跟着汉人，自作天干地支，计算吉凶，一年3次送菩萨，择阴历三月、七月、十月间之吉日行事。十月为夷家过年之期，必须先送菩萨才可过年享乐。过年必杀牲宴饮，拜年嬉戏，出嫁女儿也回家省视，欢乐几天。所谓送菩萨，就是宰牛羊猪鸡，祭飨鬼神，祈求家族平安无事，快乐度日。送菩萨必须请毕摩作法，毕摩为夷人巫师，每村落中必有二三户，专为毕摩，父子相传，代代相继，为夷族中的特殊人物。毕摩家藏各项经典，以为节期、疾病、算命、婚配以及种种巫术实行时的应用。经典用夷文抄写，倮倮文字能够流传，实赖毕摩的师承相继。平日民间不用夷文，文字在夷家所居的地位，并不若一般人所想象的重要。

倮倮发生疾病的时候，不求医药，只请毕摩作法逐鬼，因夷人深信疾病原因，由于鬼怪作祟，送鬼出门，疾病自能脱离。送鬼必飨以牲畜，牛羊猪鸡皆可，则视病态的轻重以及家族经济状况的优裕而定。送鬼时必宰牛杀鸡，即不啻给与家族人员一个大餐宴饮的机会，稍反日常安定生活以及平淡饮食的状态。

祈雨为一特殊现象。倮倮山居种旱地，雨水甚少。若逢旱年，必向山神祈雨。夷家原无一神观念，相信冥冥之中，万物皆有精灵鬼怪，利用毕摩通灵法术，即可控制环境。汉人祈雨有龙王居于水中，夷家日见雨从山头而降，祈雨则必请山神，是亦环境影响宗教思想之一例。祈雨亦请毕摩，杀白羊白鸡，在高山崖壁之上，撒散血毛，类似雨雪，念经作法，以求甘霖。祈雨仪式之所以重要，因与家族经济生活发生直接关系，雨水不足就影响到苞谷、荞麦、燕麦等的收获，转而影响到家族内的食粮问题。

节期、疾病、祈雨的各种仪式举动，改换日常单调的行为，使生活上变动一下，用以调整人类的心理，他如亲属的往来拜访，馈赠礼物，好比小凉山黑夷每年夏间必到大凉山访问同支氏族或族外亲属，也是人与人关系间重新调整的作用。再如冤家打杀，劫夺械斗，调解和平，赔偿宴客，又何尝不是人类心理起落，调剂常态与变态，使生活系统在均衡与反乱之间往返摇动变更，社会因是得有变迁，而人类生活亦可改进。

日常恒态与节期变动，系一年之中家族生活起落的循环。实则人之一生，从出生到老死，又何尝不是一个循环式的时代轮回。人员来来去去，家族生命循环连续，使倮倮社会代代相沿，夷家文化永流不断。

夷人出生，母氏在住室中分娩，邻居妇女前来帮忙，若系难产，则出银雇有经验的妇女接生，并请毕摩送鬼。母子相连的脐带剪下之后，必埋产妇住室地下。丈夫忌讳，远避不前。夷人认为产妇污秽，约一月不许出门，恐渎门神，不许烧火，恐渎火神。

出生3日，或5、7、9日，孩子剃头，家长宴请亲属朋友，饮酒祝贺，大家谈论为孩子取名。约一月之后，孩子始敢抱出门外，此时产妇也可携带孩子回娘家。但娘家路远者，往往在过年时归宁。舅家第一次见孩子，必赠牛羊牲畜，衣服器具，由此可见舅甥关系的密切，母系亲属的重要。

孩子由母亲喂乳，到四五岁为止。如果母亲又生子女，孩子即停乳，喂以苞谷粑、洋芋之类，与成人食品无异。幼年女娃看顾孩子为其工作之一。夷家对于男女孩的待遇没有分别，只是黑白的界限很明。大人往往指明某孩为"黑骨头"，即是黑夷，表示与白夷或"白骨头"有所分别。"黑骨头"属于贵族阶级，"白骨头"则系奴隶阶级，因此在孩子脑子里也渐渐知道黑白贵贱的分别。

夷家幼年为最快乐时代，每日餐饭之余，可自由来去，或与邻居儿童结队嬉戏，或到山上乘凉，或在苞谷园畔游耍。黑童此时已居领导地位，白童须听命服从。白夷百姓家道贫困者，儿童于七八岁时即开始学习牲畜耕种，追随大人操作。

从幼年到青年，男女两性起始划分界限，嬉戏、工作各不相同。黑男从事学武，弄枪耍棒，骑马追逐，遇打冤家则兴致勃勃，跃跃欲试。一旦组织小队，向仇家攻击，或劫夺财物，勇敢声名日渐传扬，将来或有首领的希望。女子青年活动多在室内，学习针线缝织，制造衣服绣花。在家屋中分派娃子工作，治理家务产业，代父母之劳，称为管家女，因是女子在家族中地位颇高。

青年男女可自由爱恋，发生性的关系，只要不违反传统夷俗，好比父系同族不婚，黑白阶级不婚等例。苞谷田园之中，高山丛草之内，尽是青年男女言情谈爱的所在。特别是姑舅表兄弟姊妹，彼此家族间平日关系既密切，交错从表婚姻又为夷人习俗所赞扬，因是苟合欢乐，社会亦不为禁。至婚嫁择配，结婚手续，仪式礼节，婚姻形式与关系等，将于"婚姻"章中详述。

女子出嫁，入住夫家。男子结婚，自立家屋。夫妇与父母分居，自营独立的经济生活，创立小家庭，是后生男育女，自己却负起为人父母的责任。

夷人纪念生辰，在40岁之前并不重视。40岁之后每届生辰日期，必杀牲畜宴饮。亲属朋友携酒糖来贺，女婿、外侄等必献布匹。主人则设盛宴招待，又为家族中欢乐的一宵。

年老死丧，仪节甚繁，且多属于巫术崇拜方面。但丧仪为家族亲属团体的大聚会，其影响于社会生活者至巨。死丧原是人类苦痛的事情，家族血亲在痛哭流涕之余，手足失措，不知如何行为方是，因此亲属邻舍前来吊慰，举行仪式，使血亲在心理上渡过难关，渐渐恢复日常恒态。久而久之，仪式成为传统，代代相沿，按例举行。是则丧仪在社会团结方面，以及安定心理方面，作用至大。年前有恩札支老黑夷逝世，大凉山中数千人相聚哀吊，一时轰动，生活反常，又是社会系统中调剂均衡的一种方法。这当然也是表示家族与亲属氏族甚至与更大的社会团体发生连带的关系。

第五章　婚　姻

　　家族组织的起点，往往由于男女结合的婚姻，倮倮也不例外。夷家因其社会传统的缘故，婚姻有其特殊的规例，这些规例就支配倮倮男女间的关系，并控制亲属团体的形成。现在将夷家重要婚姻规例分别叙述如下：

　　第一，倮倮阶级极严，黑夷白夷之间，绝无通婚的可能，此即所谓阶级内婚制（Class Endogamy）。黑夷男子只能在相同阶级中择女婚配。白夷奴隶自成阶级，互相择偶。社会规例虽是如此，但男女两性天成，有时机缘凑巧，私自苟合，也就不顾习俗的拘束。黑女私通白男者，男女两方皆处死刑。处死之法，男子被迫跳河或跳崖自杀，女子则命之服毒或悬梁自尽。凉山中执行此刑甚严。雷波杨土司于（1928年）逝世，遗下妻女，妻为沙骂土司安氏女，时年20岁，美貌风流，与家臣白夷杨寿萱同居，遂为夷人所不齿。若按夷例男女皆处死刑，因无土司，不能执行。唯沙骂土司已不以安氏为女，所属黑白夷亦不以安氏为主母，各自分散。幸土司女黛娣今已22岁，稍知世务，重振旧时家业，然已零落不堪。

　　黑白不婚已成惯例。唯黑男与白女奸通者罪可宽容，所生子女通常称之为"黄骨头"，即"黑骨头"之男与"白骨头"之女所生的杂种。"黄骨头"为黑白二阶级所不承认，所居地位甚难，颇似美洲白种人与尼格罗种人（Negroid）混生之杂种所处的地位。

　　第二，倮倮有氏族组织，氏族之内不许通婚，嫁娶必于族外求之，谓之族外婚制（Clan Exogamy）。第二章已详述氏族情形，知道夷家系父系一姓相传，保持氏族团体的结合。氏族之能单系相传团结一致，族外婚制为其主因之一。按倮倮的传统兄弟姊妹为 ma dzz gni mo 的关系，彼此间没有婚姻的可能。此种兄妹关系向着旁系伸展，堂兄弟姊妹，以至凡父系族内的同辈男女，也就绝对禁止通婚。

夷家兄妹或姊弟同在父母保护之下长成。彼此行动关系虽为亲爱的，但亦系正式的，兄妹之间绝无嬉戏淫荡的态度。同时兄弟不能在姊妹之前向其他女子调戏，虽然夷家男女恋爱是常见不鲜之事。其他男子更不能在兄弟之前向其姊妹调情，否则兄弟必举拳击之，事情扩大之时，或至引起打冤家。族内男女因有悠久的传统观念，彼此禁止婚配，在行为上就表现出一套正式的礼貌的关系了。

第三，倮倮择偶既须在同一阶级之内，又须在同一氏族之外，那么何等团体为最理想的婚配对象呢？按夷家婚例，嫁婆以姑舅之家最为适当，这也就是姑舅中表或是交错从表的联婚。按照倮倮氏风俗，如姑家有男，舅家有女，姑家可有优先权遣人说定舅家之女，舅家因此不敢嫁女于他家。反之，舅家之男对于姑家之女，亦有若是优先权，因是舅姑两家的儿女系互相的婚配的关系。夷家惯行交错从表的婚姻，可于亲属名词中找出许多明证。

男子因娶舅家之女，所以称岳父为舅父，称岳母为舅母。婿即外甥或姊妹的儿子。女子因嫁于姑家之子，称夫父为姑父，称夫母为姑母。

姑舅中表的婚姻不是单面的而是互相的。男子亦有娶姑家之女，因称岳父为姑父，岳母为姑母，若是婿即是妻兄弟的儿子。女子亦有嫁于舅家之子，所以称夫父母为舅父母。儿媳即是外甥女。

倮倮因为累代实行交错从表的联婚关系，岳婿翁媳就没有特殊的亲属称谓。婿媳两党由于妻党分化而来，妻党又由于母族分化而来。父母两族关系最密切，彼此系连续的联婚。今为明了交错从表婚姻与家族组构的关系，特制下页图（交错从表婚姻与家族组构的关系），以窥究竟。

按所列图表为一四方柱形，平面三段代表三代，父子孙三辈，四角直线甲乙丙丁为世系相传，男子由父及子及孙，女子由母及女

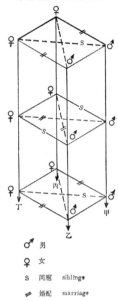

交错从表婚姻与
家族组构的关系

♂　男
♀　女
S　同胞　siblings
⚌　婚配　marriage

及女之女。第一代甲乙两男为两族，且各有一妹，甲之妹为丁嫁于乙为妻，乙之妹为丙嫁于甲为妻，是则甲乙两人互换其妹为配偶，到了第二代，甲乙之子女因交错从表优先婚姻的关系，又互相配偶，于是甲之子娶乙之女，乙之子娶甲之女。甲乙子女两方相对皆有两层的交错从表关系，甲子对乙女为姑表妹并舅表妹，乙女对甲子为姑表兄并舅表兄。到了第三代，又因交错从表互婚之故，关系形态回到第一代的方式。甲女之女即外孙女嫁于甲之孙，乙女之女嫁于乙之孙，各归本族。换言之，甲乙两族互相配偶，都是姑舅中表的婚姻。原则上交错从表婚配图可代代相传以至无穷。

　　俫俫的交错从表，因有优先婚姻的关系，彼此间对待态度，另成一种方式，与兄弟姊妹间的对待态度大不相同。姑舅表兄弟姊妹的关系，彼此间有婚配特权；因是表兄表妹可自由恋爱，彼此可调情嬉戏，也可发生性的关系。不似兄妹态度严正，绝无苟且的表示。因此知道习俗惯例如何影响个人行为是态度的形成，如何规范人与人间的义务与责任。

　　第四，俫俫的优先择配只限于姑舅表兄弟姊妹。至于平行从表除本族之堂兄弟姊妹外，姨表兄弟姊妹也在禁婚之列。姨表禁婚与汉人婚例大有不同，或因俫俫亦重母系之故。姨母之子女，对待一如伯叔父之子女。姨表兄弟姊妹俫语也是称为 ma dzz gni mo，与兄弟姊妹的关系相等，当然一切对待态度亦相等。

　　今因易于明了起见，且把平辈的兄弟姊妹与各类的表兄弟姊妹合制一表（参见下页图），用以指明彼此间婚配或禁婚的关系。

　　第五，俫俫有娶兄弟妇（Levirate）的规例，那就是哥哥死了，弟娶兄嫂，或是弟弟死了，兄娶弟妇。此与汉俗大异，或与藏民兄弟共妻是同一的来源。俫俫的娶兄弟妇大有氏族拥有妇女的趋势，

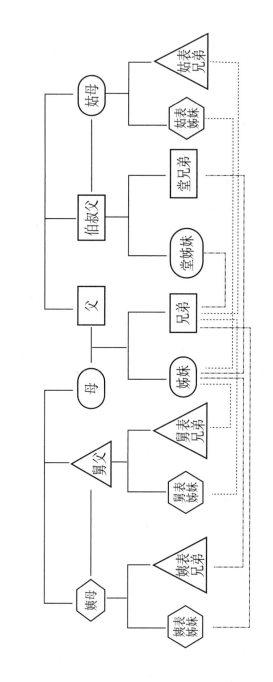

交错从表与平行从表婚姻关系

姨母　舅父　母　父　伯叔父　姑母

姨表姊妹　姨表兄弟　舅表姊妹　舅表兄弟　姊妹　兄弟　堂姊妹　堂兄弟　姑表姊妹　姑表兄弟

‥‥‥‥‥　优先婚配

————　禁止婚配

凡妇女入氏族之内，即不愿其改嫁他族，只能在族内转嫁，永为该族的属员。

娶兄弟妇谓之转房。转房以平辈兄弟为最适宜，无亲兄弟者堂兄弟亦可，由亲及疏，按例转嫁。转房之俗由来甚久，夷族到处实行，迄今不但同辈间有娶兄弟妇之举，即叔死侄娶婶母或侄死叔娶侄媳者在所多有。例如我们第二保头里区老穆之妻为恩札氏，母家住于恩札瓦西。恩札氏最初嫁入里区支老穆的堂叔为妻，生子名落铁，今已20岁，为老穆的二从兄弟，比老穆少5岁。堂叔死时，落铁尚幼，恩札氏按兄终弟及之例，转嫁老穆亲叔父为妻，生一子，今14岁，一女今8岁。四年前叔父逝世，老穆遂娶其叔婶恩札氏，又生一女。恩札氏前后已三嫁，皆在夫族内转房。名分地位亦以其夫为转移。子女名分则按父亲地位而定。落铁与老穆为同辈，继堂叔自有住宅。老穆亲叔之子女今寄食老穆之父约哈家。老穆成家之后自有住屋，自成家庭单位。

转房以平辈及叔侄辈占多数。凉山中父娶儿媳或子娶父妾，甚至祖纳孙媳者，亦有所闻，但作者此次考察未曾目击。

夷家人口甚稀，转房之俗或亦社会的功能，用以解决人口及性欲问题。从人口数字而论，妇女转嫁，可以增加生产，使氏族繁衍。从性欲立场而论，妇女夫死不论几人皆可继续转房，男子妻死自可续弦，或娶外族少女，或纳族内寡妇，因是倮倮无论男女，一生皆有性的生活，遂无有鳏寡的存留。

第六，倮倮婚姻以一夫一妻制为普遍方式。一夫多妻间亦行之，唯极为少数，且限于夷目及富厚之家，至一妻多夫，社会名义上不许有此制的存在，但实际上因夷人对性的观念较松，暗中亦有实行者。尤其倮倮在少女时期，可以自由恋爱，自由性交，与青年男子特别是姑舅表兄弟，可以相互追逐嬉戏。关于此节以后当更详论。

一夫多妻往往因夷人首领对于政治上之野心，欲图从妻党背景以扩张势力。胡兴民即为一例。他以里区氏一支势力单薄，另娶吴奇氏用以联络吴奇支，便于增加自己的权力，提高自己的地位。夷人多妻，诸妻地位相等，彼此以姊妹相称，不论年龄，大妻必为姊，次妻为妹，诸妻住屋分居别产，不似汉人妻妾同处，地位悬殊。男子在娶次妻之前，先向大妻赔礼，赔礼之法必献牛羊，或赠马一匹亦可。妻兄弟亦必先说通，招待宴饮，征求同意，以免将来纠葛，发生打冤家等等的事情。

综观这些婚姻规例，不但支配倮倮性的生活，亲属与家族的组构，而且控制夷家日常行为，以及政治经济等活动。倮倮婚姻的重要与其他社会相等，视为人生大事之一。青年男女从恋爱至结婚，又从结婚到成立家庭，为生命中转变的一个重要阶段。

青年为性的发育期，无论男女皆蠢蠢欲动。但因各社会皆有传统习俗，男女行为必受控制。夷俗早婚，女子结婚年龄为奇数，以9、11、13、15、17、19等为合宜。幼年蓄发，梳单辫垂脑后，结婚时改梳双辫盘于头上。因是单辫双辫为未婚已婚的分别记号。不过女子至17岁尚未出嫁者，父母往往择日为之行分辫礼，杀羊豕敦请戚朋，是后表示女子成年，可有性之自由，不加干涉。

倮倮的青年男女，无论在森林草丛之中，或山涧田野之旁，皆可言情谈爱。只要不违反婚姻禁例，未婚男女可私自苟合。特别是姑舅表兄妹因有优先婚姻的权利，又因亲戚往来密切的关系，彼此自由爱恋，暧昧之事在所多有。

婚姻的起始系由父母择配，遣媒人说合，从前媒人多为白夷娃子。如果姑舅之家有女，说婚互易，因双方互有义务，不敢先与他族有约。择偶既定，媒人征女家同意，请毕摩合算男女生克，以卜吉凶。如命意不合，媒人不再往返说项。有时两家因亲戚关系，或贪女色，则不顾算命卜卦，力促婚事的成功。

男女两家同意婚事之后，由媒人往返接洽，议定彩礼或聘金。聘金多寡恒视男家之财力而定。大约黑夷聘礼从五百两到七八百两银（按作者在雷波时每两生银值国币160元），甚至有多至千两者。白夷聘礼只一二百两银子，因其地位低微。至锅桩娃子之女，随主人之女为陪嫁，不收彩礼。

彩礼议定之后，即行订婚。由男家遣媒并派人送礼至女家。此时只送聘金一部分，多半三分之一，礼银由媒人亲手交给女家家长，即女子的父兄。于是女家杀羊置酒，款待媒人及男家人员，攀谈过夜，明晨始别去。几日后，女家派人到男家回拜，不送礼物，男家亦须杀牲宴饮，招待过夜。

从订婚到结婚，中间相隔几月或几年，则视男家何时需要迎娶而定。迎娶之前男家请毕摩择吉从事，并遣媒人到女家送信。女家派人来领聘金，此时或全部交清，或尚留一部分到婚后交付。银子之外，牛马枪支等皆可折算以纳聘金。傈僳婚姻财礼至重，因是娶女后若夫死，则不愿其改嫁，只在族内转房，以免聘金利益的损失。

夷家迎娶之期，必有奇数月份，如5、7、9、11等月为宜。迎娶之前二日，男家派选壮汉几人，亦以奇数为吉，到女家搬运嫁妆，嫁妆包括新娘的衣服首饰，裙子毡衣，以及项圈、手镯、耳环等。壮汉抵达女家，女家男女擒着他们，把黑烟颜色涂在壮汉脸上以为嬉戏。

迎娶前夕，男家又派壮汉数人或10余人，新郎之兄弟在内，到女家接亲。女家闻壮汉将临，男女相聚于门旁，待迎亲人马近门，储水泼之，壮汉等遂全身淋漓，大家引为笑谑，入门之后，又乘壮汉不备，以锅底黑烟涂抹其脸面，辣椒击擦其耳目，尽嬉戏愚弄之能事。是晚设席倾酒款待壮汉，宾主渐入欢乐之状。

翌晨为迎娶的正日，新娘准备束装。头上戴新鲜花帕，按夷俗幼年女子戴帕，必挽成三角袋，帕端结于脑后。成年女子戴帕，必耸帕端于耳前，或四角帕子整个覆在顶上，两角坠于前额左右，两角坠于后脑左右，宛似四片倒垂的花瓣。妇女生子之后，则不戴帕，换之以帽。新娘除帕之外，加上耳环首饰，领缀银扣，身着花边新衣，下系彩色花裙，外披新制毡衣，飘然一代佳人。

新娘束装完备，开始出行。男家壮汉及女家送亲的男女合队簇拥新娘抵达男家。事前男家已搭草棚于屋外，新娘被引入棚中，由女家送亲妇女与之行分辫礼，那就是头发单辫分为双辫，以示成人已嫁人之意。是日男家备酒杀牲，与女家送亲的男女，共同饮宴，主客欢乐歌舞，尽情而散。

在婚姻仪式之中，新郎似不居重要的地位。即迎娶之夜，新娘独宿，不与新郎共寝。黑夷婚姻，新娘必有随嫁白夷侍女，相与为伴。乌角胡里区氏长女，年才11岁，其母已择两个侍女，日夕伴着女公子，将来出嫁，侍女亦必随往，以为嫁妆的一部分，黑女嫁黑男，随嫁侍女则嫁于黑男的男娃，新娘在男家连宿3夜，皆与侍女另处一室，与新郎没有接触。

第四日回门，新郎新娘同赴岳家。途中夫妇不交言语。新婿献羊豕酒礼拜见岳父母，岳家则置酒款待。午后新郎独自归家，新娘仍留母家，谓之坐家。

坐家的时期无定，大约从一二年到三五年皆有。作者考察之时，常遇坐家的女郎。女子在坐家时代，可尽量享受放浪生活，父兄无不掩目听之。坐家之女的装束，和新娘一般，日夕与邻居青年男子或姑舅表兄弟追逐嬉戏，并有性的自由权。

坐家的时期，新郎亦可与新娘往来，实行恋爱。直至新娘怀孕时期，新郎才接新妇回父家，第一胎孩子往往不是新郎己出，但须承认其为子女。

新郎既知新娘怀胎，立即建造新屋，以迎新妇回家共住，因成婚之子不能与父母同住一屋。夫妇正式同居之后，岳家始把嫁女妆奁全部送来。倮倮不分男女皆有承继财产之权，所以女子妆奁系父母所给予的财产，包括现银、娃子、粮食、牛羊，甚至土地等等。

倮倮因婚姻关系，而有经济的基础得以建立家庭。男家父母为新婚夫妇建造住屋，女家父母陪送妆奁都是成立家庭所必要的经济条件。从此之后，夫妇过着家庭生活，男女在经济上通力合作，生男育女，共负为父母者的责任。

倮倮妇女虽系用金钱聘来，为买卖婚姻的一种方式，但在家庭中的地位与丈夫平等。小家庭的组织，既不与父母同住，就无婆媳的冲突问题。家中之事妻子却有全权支配，因丈夫多出外作政治联络与族间打冤家等等事宜，屋内凡分派娃子工作如耕种、牧畜、缝织、烹饪，并看顾孩子，存积食粮，修补工具等，无一不由主妇管理监督。

夫妇间的关系外表上系正式的，不苟言笑的。考察团保头里区打吉出外3月之久，归家见其妻恩札氏，当面不交一语，彼此宛似未曾见面一般，反不若其他弟兄姊妹，奔来寒暄谈笑，态度极为亲昵。但是族间人分散之后，打吉因长途跋涉劳苦，卧地假寝，恩札氏坐于锅桩之旁，一面吸烟，一面滔滔而谈，颇似报告别后家中一切经过，打吉虽闭目，却亦静听，不时发言，类似安慰，又似批评。当时考察人员及翻译等亦皆四散，作者因旅行疲惫，坐地休息，故得机缘观察夫妇间的对话。

倮倮家庭因有充分经济的基础，日用衣食不足为忧，生活亦比较安定，夫妇往往融洽，安闲度日。但夫妇间亦有感情不睦，发生冲突者。丈夫并不敢虐待妻子或责打妻子，原因妻子娘家有深厚的背景。一旦妻子奔回诉苦，妻族必集族众，兴问罪之师，夫族若起而抵抗，即发生族与族间的冤家。妇女因有娘家支系的背景，她在家庭中的地位颇高。

妇女淫奔并不多见，若此事发生时，丈夫可要求岳家赔偿聘礼，岳家尽量寻找其女，劝归夫家。丈夫不悦其妻，或有外遇，或闹离婚，则妻家必责令丈夫赔礼。夫妇至不得已时亦有离异分居，经中人说项划分多少土地娃子，并其他财产，使妻子有独立的经济生活，双方同意即可分离。离异后丈夫在世，妻子不得改嫁，族人亦不敢作转房的野心。

换言之，倮倮男女婚姻与家族氏族，都有密切的联系。夫妇结合并非按照男女本人的爱好，往往青年恋爱者而非终身的伴侣。婚姻为合两族之好，亦为两族合作的工具。同时因婚姻有经济的基础条件，家庭生活却可固定。婚姻更是两族合作契约，夫妇两方各有家庭氏族的背景，因而在婚姻关系中，男女共享平等的地位。

第六章　经　济

　　倮倮家族是日常经济活动主要的单位，家族经济的成立又系建筑在婚姻的基础之上。未婚男女在家族里是依赖着父母过活，自己没有独立的经济。结婚时期男家父母供给住屋土地，女家父母供给妆奁财产，使新婚夫妇先有物质的基础用以创立家庭。因是婚姻也是一种经济的机构，就中社会给予青年男女立下经济的基本条件，使夫妇能够通力合作，共营家族的经济生活。

　　普通从经济学的立场看来，经济组织分为生产、分配、消费各种历程分别的研讨。这种分类不能应用于倮倮社会，因为他们的经济问题与我们不同。倮倮物质文化已非原始最简单的状况，已不是狩猎捕鱼的时代，但是倮倮农牧的经济生活，也难加以分类分析。好比夷人家族拥有耕作园地，以园地所出的苞谷、荞麦等自制粑饼，以供家人的食粮，此中生产与消费的机构，将如何划分界限？再如送菩萨之时，为倮倮唯一分配肉食的机会，除了招待客人时的例外情形。那么肉食分配又与宗教巫术等发生密切的联系，我们又将如何划分彼此活动的界线？因是从社会学的观点看来，那里只有一个经济的历程，这历程的两面：即为攫取物质产物和利用物质产物。经济功能实包括许多社会的意义，这功能并不限于财富的生产与消费，所以我们欲知夷家的经济机构，绝不能严格地划分出来许多经济的历程。

　　无论社会多么简单，经济机构的基础，莫不建筑于分工之上，那就是个人在社群中有特殊的工作。即在渔猎社会，男女分工是很普通的事实，男子从事行猎，女子在家烹饪或到附近采集果实。农牧社会的男女分工，反不若渔猎社会的严明。有时男子负农耕全责，如柏葡萝印第安人（Pueblo Indians）。有时女子负农耕全责，如非洲巴逊格族人（Bathonga）。菲律宾的叶弗哥人（Ifugao），男子专治种植收获，女子专治刈草并修整园务。倮倮农务则男女一切合力，并肩耕作，但有些工作仍是划分，好比巫术祈雨由男子包办，毕摩率领行事，烹饪取水为女子任务，只不得已时男子代劳。他如与经济生活发生间接关系的战争、劫夺、盗窃等等，那都是男子的专业。

性别分工之外，在倮倮社会里，就有阶级的分工。阶级分工原非直接与经济有关，那就是说，倮倮并非因经济生活的不同，或职业生产的不同而划分阶级。倮倮黑夷贵族之拥有土地并统治势力，与白夷奴隶之专司劳作，实系阶级划分的结果。

农业耕种，无论是旱地的苞谷与水田的稻米，全部都是白夷包办，黑夷从来不去参加。牧畜虽然也是白夷的任务，但黑夷常常自己关照。考察团在黄茅埂之日，就碰见黑夷阿着失觉和他的一个白夷娃子，赶着一群羊子，约 20 至 30 只。失觉是考察团翻译王举嵩的恩人，经介绍之后，与我们数日同行，盘桓谈笑，很是熟识，因是作者得有机会观察失觉牧羊的生活，又知黑夷自己牧羊，不像耕种一般视为下贱工作。再则每年在剪羊毛的时候，黑夷往往参与工作，特别在黄茅埂的羊毛会，黑夷居主动的地位。

倮倮轻视农业使作者感觉到牧畜系黑夷原有的经济活动，夷人原来为牧畜的民族。黑夷侵略白夷之后，或是掳掠汉人为娃子之后，奴使被侵略的民族劳作耕种。白夷多系汉娃，居住夷地年代长久，不自知祖始而沦为夷人者。此节将在下面"阶级"一章详细讨论。这里只标明倮倮对农牧观感的不同，或系因于黑白夷原来经济生活的互异，又或因于侵略与被侵略的关系。

时至今日，农业最为普遍，黑夷虽不耕种，然白夷人口居全数十分之八九，皆从事农业。黑白夷日常食粮无不依赖农作产品。换言之，农业为倮倮主要的经济生活，但其土地制度与农业活动自成一种方式。

在倮倮村落之中，所有耕种土地原系黑夷的财产。黑夷因支系分家之故，或是结婚子女自成经济单位，或是父祖死亡遗传土地于诸子，于是黑夷各家就有各家的土地范围。换言之，土地的拥有权是以家族为单位。此就农业生产的土地而言，与扩大的村落的土地范围不同，因后者领域没有明显的界限。村落的领域包括住屋，住屋四围的田园，园外的牧场，甚至森林山涧河流等等。实则只是住屋与田园为各家族所拥有的土地，村外牧场森林等都是全村人民公有，人人皆有利用的权利。甚至村外其他人民，除非与本村本族系冤家世仇，皆可利用公共的牧场。倮倮支系多有冤家，特别邻村邻族结仇冤者，所在皆是。冤家不许入境，因越入敌人境界偶被发觉，不遭毒杀必为俘虏。因是村落的领域虽无明显界限，但是隔村仇视，当中必有边缘地带为两村人民所不敢逾越者。此种界线颇有部族政治范围的意义，自不能与家族拥有的农田园地同日而语。

黑夷奴使锅桩娃子从事耕作，但娃子数日增加之时，因住屋地方狭小，则派遣长久忠实的家娃，别建住屋自立单位，由家主赐赠多寡田园或另租耕种土地，借以供给一家的需要。久而久之，经济上渐渐脱离家主的羁勒，自拥园地，经营家计。因是近代倮倮村落中有许多白夷自立门户，除受黑夷统治保护与负担其他的责任义务外，却拥有独立的经济生活。汉化夷民称此等白夷为"百姓"，实则"百姓"仍系奴隶，不过地位稍比锅桩娃子为佳而已。

倮倮耕作园地，没有测量的单位，常云几块地或几股地，却没有正确的亩数概念，因是夷家耕作的面积难以估计。但以一块地下种数字或收获数字为标准，亦可测知土地概数。今就大宗农产品的苞谷而言，大抵每人耕种能力，每年下种至少6升，至多2斗，斗升的衡量皆从汉地输入。若以6升谷种为估计基础，收获之时可得40市斗。在川南一带普通每市亩土地约产15市斗，40斗合二亩半产量，这即是在倮倮区中每个人最低限度耕种的亩数。

黑夷的土地都是锅桩娃子代其农作，出产物整个归家主所有，即娃子本身亦为财产的一部分。若有剩余土地，可租给土地不足自给的白夷百姓，以出产一半为租金归还黑夷地主，一半白夷佃农自得。有时土地肥沃，地主租收六成产物，那就是出产十分之六归地主，十分之四归佃农，若与封建时代的农业制度比较，很有仿佛相似之点。黑夷可比地主，锅桩娃子似农奴，百姓娃子似佃农。所谓百姓经济上虽可独立，但尚有其他的束缚，地位并非自由。黑夷家户农忙之时，家主可命百姓每家派一人前来帮工，辅助锅桩娃子耕种与收获。帮工时百姓没有工资，没有报酬，是一种义务工作，至多在工作时期之内，黑夷家主供给餐饭。

俫俍农业以苞谷、荞麦为大宗。水田稻米只限于夷车河与美姑河一带，产量比率很低，且都是汉娃的工作，原非俫民固有的文化。换言之，俫俍农业仍限于旱地播种，其来源虽不得而知，但农产为夷家主要的食粮，绝无可疑。

苞谷种植的生活为夷民对于自然环境和气候适应的一种方式。春暮气候暖和的时节，夷人开始播种，阴历三月间种于高山斜坡之上，四月间则种于平原地带。播种之先，挖成小穴点，每点种入5至7粒到10余粒的苞谷子，用泥土包好埋入土中。七八日之后种子出芽，查察种芽的优劣，留下两根，拔掉多余的芽根，但有不足两根者即行补上。过了一个月，刈草工作即行开始，男女并肩整顿园地。污草扫除之后，加上肥料，大凉山用牛羊干粪，小凉山用青粪。二三个月之后，苞谷杆长成，刈草加粪的工作也就停止。是后随时查察园地，不让野兽家畜蹂躏，防御冤家仇人的侵略烧毁。最主要的尚赖天时气候，需要随时下雨，旱年须请毕摩作法祈雨，助长苞谷的生产。8月间谷实成熟，准备收获，男女各背竹筐，在园中按着次序折下谷实放入筐中，归家晒干之后，取下细粒，即存积于主人的卧室。每日把若干谷粒磨成细粉，用制苞谷粑，以为主要的粮食。

苞谷收成之后，谷秆尚可砍掉以为屋内燃料，谷根则置之不理，自行腐烂。比较良好的苞谷园地，稍加整顿，可种豌豆葫豆，亦种麦子。过了一冬，明年3月间即可收获，豆与麦皆连根拔起，这时苞谷根皆已腐烂，男女荷锄到园地中锄草松土，又作种苞谷的准备。

村落远近的田园，因土地肥美，多种苞谷。山坡之上则种荞麦，亦为夷家重要的食粮，特别在大凉山中，荞麦产量比苞谷有过之而无不及。荞麦有甜荞苦荞两种，甜荞不甜，苦荞味苦，皆难入口。荞麦下种之区，原为林木丛生之地，用火烧之使成灰烬，然后应用牛犁，土地松散，即可下种。荞麦每年有两季的收获：第一季春间二月撒种，撒种之后再用牛犁，遂置之不问，等待四五月间收获。第二季7月间下种，9月间收割。数年之后，土地贫瘠，因弃旧地，别烧山坡林木，以作新种麦园，这种农作系原始农业方式，亦即《志书》上所记载的火耕之法。

农产尚有燕麦、洋芋、青菜、萝卜等类，各有耕种收获的季节。这些产物以燕麦最为贵重，夷人常磨之成粉，旅行时以麦粉调水而食。洋芋产量较多，日常饮食亦有用之佐餐。

倮倮农产只求自足自给，一年出品够得一年的需要，已是心满意足。因此夷民耕种并不努力，农园不求增垦，耕作技艺也不求改进。凉山大好土地，多系一片荒野的区域。

夷人每家都有耕作的园地，这是他们基本的财产。黑夷家户格外拥有畜群，这才是富裕的表现。白夷富者亦可牧畜。家畜以羊为大宗，分绵羊山羊二类，皆别遣锅桩娃子从事游牧，羊栏或在住屋围墙之内，或在墙外另建栅栏。春夏天暖，更于村外山坡上别立圆形竹栅以安置羊群，由娃子日夕看顾。喂草之外，月喂盐水两三次，使羊毛加速成长。绵羊之毛剪下作为毡衣毪衣的原料。年剪3次，3月间与10月间在村中行剪，尤以3月之毛最为良好。7月间天气炎热，各村人民驱羊至黄茅埂，半以避暑，半以行剪。这时各族各村聚会一处，剪毛之余交相宴饮嬉戏，互换食品礼物，买卖贸易，社交谈笑，极一时之盛，俗称之为羊毛会。

畜豕亦成群，至多10余只，由女娃驱牧，但不若畜羊之盛。杀豕时剪下头上毛发，谓之猪鬃，可运往汉地出卖。

夷人畜黄牛，其群有多至数10条。放牧之法亦早晨驱出村外牧场，晚间归栏。黄牛可用为犁地耕作，贵重过于羊豕。夷人不用牛乳，但食牛肉，杀牛为大礼节。

马为黑夷所专有，但不成群。黑夷用为骑坐行猎，嬉戏赛跑。马为最贵重的牲畜，不食其肉。

牛、马、豕、羊系夷人重要的家畜，而为有经济价值的财产。除马之外，牛羊豕皆可用为肉食。夷家平日饮食只有谷物菜蔬。至于食肉则另有分配的机制。一年之中有各种节期，诸如羊毛会、新年、送菩萨等节，皆必杀牲祭祀，然后家人分享祭物。再如婚庆丧葬诸礼，亦必分赠肉食，共相宴饮。如遇疾病、送鬼、旱年祈雨之时，一方面固因生活上起变化，用巫术以安定人民的心理，另一方面杀牲献祭，族人集聚，共享肉食大餐。从实际的眼光而论，这些节期宴会都是社会传统的机构，使人民得有分配食肉的机会。

夷家的经济生活自以农牧为主。唯在山野森林之中，藏有虎豹鹿獐，青年夷人亦偶有结队行猎之举。行前占卜，以问吉凶，得兽则共同享食。

工业方面，建造房屋为大工程。先由事主集合族人邻居，择日兴工，筑土墙、架木板、修屋顶、建碉堡，为夷家合力工作的表现。他如制造披风首饰、家具农具、木器竹篓等，皆出一二人之手，只供给家庭的需要而已。

住屋园地一类不动产都是父子相继，不作商业交易货物。牲畜、农产、衣饰、用具等在倮倮社区中很有相当的流动性。汉人娃子更是交易的一个重要货物。按倮倮原来风气，不尚交易商业，款待客人最是殷勤。迄今凡是倮民，只要不是本族冤家，到处可以得到寄宿与食粮，不费分文。招待生人成为惯例，主人无法拒绝。每年小凉山的夷人必去大凉山游历一次，或访同支族人，或访戚友，但路中经过之区可随便寄宿，主人必须招待。无论何等食物，主客分食，不能独享。吝啬之人为社会所鄙视，习俗所不许。

习俗风气对于款待客人极为普遍，有时不喜生客，亦不能不略为周旋，以应付习俗的要求。否则生客愤怒或有不利的举动，甚至亦可引起打冤家斗争。又如保民不能在人前独享食物，必须分让分享，为社会通行的礼仪。但此俗过分实行，成为强制势力，人民反觉不便。记得考察团入山抵达丁家坪，在黑夷丁有客家寄住之日，保头打吉有背酒娃子一人，避居山中，询之翻译，始悉如酒夷到丁家，必须公开分饮，那就不能运到三河以达了。

此种招待风气，大有礼相往来之意。凉山区域一片荒野，人口稀少，没有近代旅馆茶店的设备，行旅自感困难，村民招待生人以便行旅，他日村民出外也一样地接受别支别村的招待。因知款待客人，和许多早期社会一般，是一种社会机构用以适应特殊的环境。前章论婚姻，我们已看到男女两家交换礼物方式，为一种经济上的交易。平日友朋亲属往来，亦互有馈赠，借以调匀社会上产物用具的分配。考察团在凉山中，除少数贫困白夷之家，要求白银交换食物外，多数夷人皆按其本意备办款待的食物，或杀牛羊鸡豕，或煮苞谷洋芋，视其家庭经济富裕与否而定。本团大约计算家主招待所消耗数额，然后斟酌赠以布匹、食盐、剪子、镜子、针线等类礼物。

夷家财物的分配，原以款待生人、互赠礼物为原则，但与汉人接触往来，交易制度渐渐引入。交易媒介的银币，衡量以两以锭，亦系旧时汉制，今已深入倮倮社会，沿用未曾稍驰。影响所及，银币在边地颇有势力，屏山秉彝场虽已东出夷区，但银币尚在此间通行。

夷人到汉城市镇购买货物，以盐、酒、布匹以及其他日用品为大宗。雷波与屏边西宁都是夷汉交易的重镇，夷人不断地往来。恩札十二支系以马边及西宁为贩买货物地点，阿洛阿着以及内9家熟夷多向雷波集中贸易。

近年来因夷地非边区县府能力所能控制，夷人从事种植鸦片。鸦片运来汉地，得利甚丰，所以夷民经济状况皆在普通汉人之上。夷人以鸦片收入换取汉地的枪支及白银。先是1911年后杨春芳驻兵雷波之时，卖枪于夷得厚利，此后枪械就不断地流入凉山，现在大约每户平均得一支枪。汉地流氓因政府禁用银币，又暗地搜集生银向凉山运输，以获厚利。从倮倮的立场而论，鸦片一项已足换取白银枪械以及日用品等类货物。

倮倮种植鸦片，必择肥沃园地。鸦片增加，则农产减少，田园因种鸦片之故，亦渐变为贫瘠。夷地因人工缺乏，则从边地掳掠汉人为娃子，以作大规模的鸦片种植。同时鸦片种植与收割都有一定节期，在此期间从边地运入大批汉工，事毕又送汉工出夷境。作者在麻柳塘茶店遇一老者，年约50岁，谈话中得悉1943年3月间，老者曾同80余汉工，受着黑夷保头的担保，荷枪护送进入夷区，在马颈子北部一带，收割鸦片。工资则以收割数量为标准，每割鸦片8两，抽出1两为工资。老者每日割20两，可得工资鸦片2.5两。事后运鸦片到汉地销售。该年3月间夷地鸦片的价格，一锭银购3两鸦片，那时银币一锭值国币1000元。鸦片运至汉地，每两值600元，3两共计1800元，得利约双倍。因是边地流氓不顾性命，时常往返夷区，贩运鸦片。考察团在凉山中被许多夷民误认为鸦片贩客，可见夷汉鸦片交易的普遍。

娃子为倮倮财产之一部，可用为交易货物，有公开的价格。此类娃子多为新从汉地掳掠而入的汉娃。倮倮掳掠捆杀汉人，在边区为普遍现象。雷、马、屏、峨四县边境皆屡有所闻，尤以雷波境内为最盛。作者所经之区，西宁南部，屏雷交界之蛮溪口，黄螂箐口间之五子坡，以及雷波城郊附近，都是夷人出没的主要地带。夷人结队，无论日夜，见少数汉人行路，即从草丛中击杀出来，枪毙一二人以示威，然后掳去其他行客并财货。雷波近郊多系夜间前来袭击，破户而入之后，即掳去全家男女，并劫夺财物或放火烧屋。城内军民闻声亦莫敢响应。汉民因入夷地贸易如贩卖鸦片，请黑夷为保头，亦有中途夷人叛变，掳去保民为娃，谓之反保。边区垦民，因垦殖关系移向荒地开殖，亦请黑夷为保头，有时夷人反叛，则大规模的掳去汉娃，数目多者恒至数百人，贩入夷地转卖各方。

倮民惯例，掳掠而来的娃子财物，即为自己财产。若黑白夷同道掳掠娃子和财物，黑夷抢得全归己有，白夷抢得须分给黑夷。劫来财物自己保存或变卖，但掳得汉娃必须卖出，辗转三四手，然后方留下为家娃，因防汉娃一旦逃至汉地，指认掳掠之人，则须入官抵罪。娃子价格的高低，男女没有分别，年龄很有关系，年幼者价贱因尚未达工作时期，年老者亦价贱因力衰不能工作，所以青年及壮年人价值最高，普通从50两到100两不等。汉娃若从夷赎出，价格稍高，多有超出百两者。

夷民不但从汉地掳掠人娃财物，亦从冤家仇人处劫夺财货。夷例冤家结怨，累代报复，彼此仇杀。黑夷被冤家擒去必杀，因黑夷贵族不得奴使。白夷百姓被擒即可奴使之为娃子，亦可变卖。冤家的财物可夺之以为己有。所以打冤家亦为夷人获得财产的一个方法。

一切财产，包括不动产、动产货物以及人娃。这些财产，皆为家族所有，可以代代相传。继承之法，住屋传给幼子，因女子出嫁，他子结婚之后自立住屋，唯幼子与父母同居，承受住处。其他财产男女皆有继承之权，多半田园土地由男子分袭，因女子出嫁外村，难于利用。银钱财物，枪支牲畜，以及男女娃子，则视子女多寡平均分派。

财产继承多在父母死亡之后实行。一切祖传遗产由族内亲属及舅父姑丈等共同判断，诸子女平均分派。未婚子女则各人另外安排一项财产，不计分产之内。亦有父母生前，已分派安排，子女则遵循遗命。三河以达村北有白夷某，颇为富有，年前死亡，遗两子一女，皆长大成人，女亦出嫁。老人最爱其女，在病榻上暗嘱其女于屋内3块地方掘下可得3瓮银子，老人死后，两子各得1瓮白银，亦遵父命于所嘱地方发掘出来。女子按照父嘱，发掘2瓮，第三处掘下未有所得，遂央毕摩决算发掘，又空无所有，不得已明告长兄，其兄要求以所得白银平分，则出力协助，妹子不允，直至考察团离山之日，此事尚未解决。由于这个例证，亦可稍知夷家财产继承之一斑。

第七章　阶　级

　　倮倮有阶级制度，为其社会特点之一。夷人社会分为 3 级，那就是黑夷、白夷与汉娃。黑白夷分别甚严，彼此之间无流动可能性。白夷原从汉娃升格转变而来，在夷中历代年久，夷人已接纳其为同类。汉娃是新从汉地掳来的奴隶，所居地位最低，为黑白夷所轻视。但汉娃在夷中经过数代，生活方式全部夷化之后，渐与白夷通婚，就取得白夷的地位，是则白夷与汉娃虽暂时分别，但因流动关系，彼此之间就没有严格的界限。

　　黑夷贵族为夷中统治阶级，也是真正的倮倮氏族。按作者测量观察的结果，黑夷为蒙古种人种（Mongoloid），许多体质特征与汉人相似，诸如体高，毛发鲜少而色黑，棕色眼睛，头面轮廓等，尤其眼褶系十足蒙古种的表现。以前西方学者从简陋的旅行观察，云倮倮为高加索人种（Caucasoid），其说至为误谬。黑夷头形指数为中头型，亦非长头型。但是黑夷有几个特点与汉人稍异，诸如皮肤暗黑，鼻多钩形，耳叶特大之类，这不外表示原始氏族因与中原隔离，未与外间婚配，自成团体，维持原始的体质特征而已。换言之，黑夷为原来团体，侵占今日夷区，奴使掳掠邻近人民以为娃子，自居统治的地位。

　　黑夷贵族有权势特大者，在明清时代，封之为土司土目，用以维系夷人，不作反叛杀掠之谋。土司受汉封之后，即可世袭，清末雷波区在黄螂有国土司，天姑密有安土司，雷城有杨土司。国姓已绝后，安家尚有二女子，杨家一女即黛娣。1911 年以来，实行改土归流，土司又绝嗣零落，夷人不受约束，土司制度实已荡然无存。

土目为以往夷兵头目，或为土司的亲属，土司衰弱之后，土目名词也就滥用，稍有势力的黑夷遂自居土目地位。例如乌角胡兴民于1911年后入雷波团练，颇受汉化，胡氏族人拥之为首领，夷汉人民皆呼之为土舍。乌角近于汉城，名目沿用，在凉山中实无土司土舍等类。黑夷之有权势者，汉人称之为保头，夷人则称之为"硬都都"而已。

今日黑夷只有一个阶级，为凉山中的统治势力。大约黑夷每户平均有白夷10户。即以夷车河里区族支为例，巴普50户中有黑夷5户，三河以达33户中有黑夷9户，以鲁31户全为白夷，合计黑夷14户，白夷100户。但是里区支有若干百姓娃子散住葡千、阿谷、谷烹一带者尚未计入。因知每户黑夷，约有直属白夷娃子10家。此就平均数字而言，实际上黑夷权势大者百姓多来归附，权势薄弱者，娃子数字亦必减少。

黑夷、白夷分别高低，绝无平等之可言。黑夷拥有土地牲畜，自居地主地位。锅桩娃子为其奴隶，耕牧劳作，服侍主人，即身体亦为主人财产的一部分，可以随时变卖转让。作者在西宁村考察之时，适逢马边恩札支有某黑夷，在屏边与另一黑夷赌博，恩札夷人大败，白银付清，尚欠债甚多，立命其随身的锅桩娃子追随赌博得胜的黑夷。娃子多年服侍家主，颇有感情，不愿另属他人，大哭抗命。恩札黑夷追其娃子到西宁河边，在愤怒之下，以大石投击，幸未命中。此为众目共睹之事，亦可略表黑白夷关系之一斑。

锅桩娃子可变卖转让，女娃则随黑女为陪嫁。父母死亡之后，或子女承继财产之时，娃子及其子女亦必平均分配，男子承继男娃，女子承继女娃。娃子人数有时不匀，但可出银购买或变换，以求达到儿女平均分配娃子的原则。

黑夷对锅桩娃子大有生杀予夺之权，唯对百姓娃子情形稍为不同。百姓娃子为村内祖传的良民，自有独立的住屋、土地与财产。大凉山中百姓娃子死亡无嗣，或无近亲，黑夷主子可没收其财产田地。但夷例不能变卖百姓娃子，是则百姓娃子比锅桩娃子的地位为高。不过遇打冤家的时候，百姓娃子被掳去者，又变为他族的锅桩娃子。有时百姓娃子贫至无立锥之地，黑夷主人亦无接济之例，但可收之为锅桩娃子。因是百姓娃子与锅桩娃子，其间的流动性颇大。流动方式为两面互相的，不但百姓娃子可降为锅桩娃子，即锅桩娃子渐得主人信任之后，可升格而为百姓娃子。

到了百姓娃子的地位，经济上取得独立，但一切举动仍须听命于黑夷主人。若有抗命或得罪黑夷，必受责打，甚至枪杀。白夷自有土地田园，可力求发展，积聚财富。若田地不足，可从黑夷处租来若干块地，收获平分或四六分，是谓纳租，关系略似地主与佃农。实则白夷对黑夷尚有许多经济上应尽的义务，主人家农耕繁忙，或建屋营造，可随时征召白夷工作，只供饮食，没有报酬。打冤家之时，召集壮丁，白夷又须出征御侮。冤家和议赔款，白夷共负赔偿的责任，分派多寡，则视家道贫富为定。每逢年节，白夷每家敬献主人酒一壶、猪头半边，以为拜年之礼。他如主家婚丧火葬，白夷皆必献酒礼，娶妇献猪一只，嫁女送礼物外，又派白银若干，以为女子私房，丧葬则牵牛羊献祭，做道场必送酒，从20斤到100斤不等。此外，主人家需要经济上协助，或款待客人，或临时动用，百姓皆有担负派分的责任。

黑白夷在社会上的地位，贵贱的分别，从日常生活行动态度中都可窥察出来，家居黑夷男女皆可出令，白夷一切听命，或操作，或奔走。餐饭饮食之时，白夷必先献黑夷家主，然后始敢自食。且食时在锅桩旁边主奴有地位方向的规定，不能超越犯例。睡眠主人居屋左或锅桩左边，白夷奴娃居屋右石磨旁边，或锅桩下边。衣服除主妇或黑女裙长曳地以示尊贵外，却没有其他的分别。凡此皆社会已成的规例，用以区分黑白夷的贵贱。

黑夷出行，无论男女，皆有白夷追随，锅桩娃子、百姓娃子皆可。如果远行，多召百姓娃子为随从，因锅桩娃子忙于劳作之故。行路时黑夷空手或执枪，白夷随从一二人或四五人不等，为主人荷枪持械，背负行装银物以及食粮。主人要吸烟，娃子送上石制竹柄的烟斗，装上烟丝，然后燃火，以便主人吹吸。引火沿用铁击燧石，并以一种干草制成细丝，燃烧传火。主人口渴，奴娃从行装中取出木碗到远处取水送上。一路上主人行止栖息，白夷莫不紧紧追随。此乃作者出入凉山在途中常见不鲜的事情。

黑白夷在衣饰上，诸如"天菩萨"、耳环、毡衣、宽裤之类，皆系相同。体质面貌亦无重要特征，可作明显的分别，但在行为态度方面略作观察，即知谁为黑夷，谁为白夷。黑夷往往目光耿耿，嘴角下垂，状极骄傲，遇事蠢进，大有不屈不挠的精神。白夷态度则反是，谦恭受命，事主唯谨，与外人往来表示粗暴强悍，但一见黑夷无论属于何支何族，莫不低头驯服。这种态度只就一般而言。黑夷中孱弱者与白夷中倔强者亦皆有之。

黑白夷系整个上下阶级的关系。若分别而言，在经济上是主奴的关系，在社会上是贵贱的关系，在统治上是统治者与被统治者的关系。实则黑夷治理白夷，并不严厉，亦不虐待。彼此阶级不同，身份不同，唯在物质上享受则相同。黑夷到白夷家，白夷固应尊之上座，尽情招待，白夷到黑夷家，黑夷亦应供给食宿，以免冻馁。平日黑夷家所有食粮，都是大家分享，主子无论有何新鲜食品，必分赠诸娃，即小娃子亦不向隅。节期或婚嫁之时，杀牲会宴，共享肉食，并倾酒相贺。家主款客大方，厚待娃子，远近传名，归附的百姓亦渐加多。

黑夷优待奴娃，不限于食物方面。锅桩娃子的衣服首饰皆仰赖家主的供给。客人送礼给家主，亦必送给奴娃，否则娃子虽不敢发言，主人主妇不悦之意形于颜色。考察团在凉山旅行，所经寄宿之家，必备两份礼仪，一送家主，一赠娃子，以迎合夷人的习俗。

黑夷爱白夷奴娃，在物质上的表现尚为不足，在心理上的收效至为重大。白夷娃子若有困难问题产生，主人必极力谋解决的方法，充分表示娃子事情自己应当负责，使白夷坦心服从，所以凉山迄今未闻白夷对黑夷叛变的事情。考察团未入凉山之前，已聘定里区打吉为保头，打吉命其娃子2人，在雷城苏行购买羊只，准备动身，不幸苏行误指羊只在城东，2 娃子于黄昏中奔去，东门汉人误认蛮子前来掳掠，集众举拳乱打，2 娃子皆受重伤，打吉因此不愿率领考察团启行，要留雷交涉，致令我等延误 3 日。办理夷务的王雨庵先生自愿负责交涉，医愈娃子安全返家，并力劝打吉率同考察团先行。打吉回答云："我带娃子从凉山来雷，若不带领他们回去，他们母亲问我要人，我有何辞相对？"语虽简短，其爱护娃子并负责之心溢于言表。

白夷娃子生命财产的安全，亦全归黑夷负责。白夷家屋若受攻击，黑夷必集众御侮。氏族与氏族之间，往往因白夷娃子的关系，引起打冤家，发生冲突仇杀。或因甲族娃子逃至乙族，但乙族扣留不交还，或因乙族娃子被甲族人员欺骗殴打，或因两族间的娃子发生其他纠葛，诸如此类之事，皆足引起两氏族的械斗。换言之，每族黑夷首领，皆以保护该族白夷百姓以及锅桩娃子为自己的责任。

同时黑夷需要白夷的爱戴拥护，使全族能够团结一致，对外则企图发展势力。因白夷人多，公意至为重要，影响所及，能够左右黑夷首领地位的起落，势力的兴衰。是则黑白夷阶级的关系是互相的，不是片面的。黑夷对白夷有一套的义务与责任，白夷对黑夷亦然。

倮倮白夷自成一个阶级，上有黑夷贵族，下有低贱的汉娃。白夷与黑夷的关系已如上述，白夷与白夷间的关系如何，白夷与汉娃的关系又如何，尚待详细的讨论。

白夷在黑夷统治之下为劳动的阶级，原是各族黑夷的锅桩娃子。锅桩娃子有升格之例，可以转变而为百姓娃子。升格之例不能应用金钱财产去赎身体的自由，乃是为主人忠实服役，至时间长久，得家主的信任，由家主赐予土地自立门户，然后渐入百姓娃子的地位。升格并非一旦之事，往往须经过相当期间，或延至数代。里区打吉家有胡姓娃子，系 1919 年山棱岗之役被掳入山，服侍主人已有二十余年，颇得家主信任，为之娶妻生子，今在打吉屋旁另建小屋一所，自己亦耕种一块土地。但胡娃日常仍须到打吉家服役，帮忙处理一切事宜。考察团在三河以达时，打吉虽有锅桩娃子多人，但胡娃曾为打吉杀羊剥皮，烧火煮菜，并受打吉之命，率领作者到山后观察等事，实则胡娃尚未取得百姓的地位。半因胡系汉人，非传至子孙至不认汉祖之时，不能成为百姓娃子。

锅桩娃子与百姓娃子的升降流动，已表示其地位相差无几。今日凉山中以百姓娃子占绝对多数，大约黑夷居十分之一，汉娃十之二三，余数全为白夷。白夷百姓历代年久，亦自有姓氏支系。好比谷烹与葡萄以打一带，有白夷车比支，人口繁衍，势力颇盛。以鲁以西有白夷苏甲支亦颇发达。雷西乌角黑夷胡兴民治下有白夷杜、蔡、杨、白诸姓。白夷因有姓氏，亦行族外婚制，亲属关系与黑夷同，他如衣食住行，习俗惯例等，皆毫无差异。

不同黑夷治下的白夷，彼此亦有因事冲突，发生打冤家的举动，至事情扩大之时，亦可引起黑夷两族间的械斗。同一黑夷氏族内的白夷，因事冲突纠纷，多由黑夷出任调解，事后白夷须献牲畜酬谢。

在一氏族村落之中，因有黑夷首领，白夷生命财产的安全有人负责，可悉心服侍一主。但白夷有居于村外或居于两族之间，或居偏僻地带，则须服侍二族或二族以上的黑夷首领，始能安闲度日，不受侵害。此等白夷百姓在原主之外，又拜他支黑夷为家主，以求保护。晋拜新主之法，持酒一壶猪头半边为进谒礼，自认为其百姓，每逢年节又敬献酒食，当然一切百姓的义务皆应担负。谷烹的车比白夷原为吴奇支百姓，但亦多兼事里区支保头，拉里沟为凉山出入要冲，又为各族必经之道，居民分子复杂，不是一个单纯的氏族村落，此间百姓多同时附属有力的各支黑夷，以保地方上的安全。由此可知族支间以及黑白夷间的关系，并非单纯，并有确切的界线，实是复杂错综而有区域上不同的发展。

汉娃在夷地中又自成一级，居最卑的位置。黑夷家的白夷锅桩娃子为数甚少，多数实系汉娃。白夷不能奴使白夷，但可捆掳或购买汉人以为奴娃，俗称三滩娃子。白夷只为黑夷奴娃，汉人又为白夷奴隶，汉娃所居地位的低微由此可见。

汉娃的来源都是夷人从汉地边区掳掠而来。掳掠之法有时半路埋伏，劫捆行人，有时夜半结队攻击汉村，有时冤家决斗俘虏对方，甚至汉人或因贸易买卖，或因开垦种植向夷家投保，中途夷人反叛掳为奴娃者，亦所在多有。1940 年 4 月间，在雷属蛮溪口有某垦社垦民 200 余人同时被掳入山，中有刘氏兄弟为中学毕业生，因到垦区访友亦被牵连。叛夷首领为大谷堆吼普支黑夷月桃。当时垦社负责人廖某闻讯赶至，即时亦擒石图支首领椒花，因石图与吼普两支友善，廖君意留椒花为质以待赎回垦民。夷汉两方遂起交涉，廖带士兵 100 余名分布于山上，对山夷兵亦有 100 余人，廖君率同翻译与月桃在山谷间磋商和议条件。正商议间，忽闻枪声，夷汉两方开战，廖君、月桃各自分散，奔回本阵。原来椒花在汉阵中欲图脱逃，士兵开枪击射，椒花立即毙命，因引起对战，和议不成，200 余垦民一概掳去凉山，变卖分散各方，沦为夷人娃子，刘氏兄弟亦不知下落。

汉娃在夷地中，无论为黑夷的娃子，或为白夷的娃子，主奴关系一如黑夷家主与锅桩娃子的关系一般。汉娃为财产的一部分，家主可尽量剥削其劳力，又可随时转卖于他家他族。汉娃卖价的高低，则视其年龄、性别与体力如何而定。年轻力壮之人无论男女价格皆甚高，孩提老弱之辈率价稍贱。初掳至夷地的汉娃，辗转变卖，经过几手，家主始敢收留。往往雷地的汉娃，卖到西康方面，昭觉一带的汉娃，又送到雷、马、屏、峨区域，用以避免娃子的脱逃。

凉山汉娃甚多，无论黑白夷家至少皆有一二人。汉娃入山之后，甚难脱离虎口，因四围都是夷家，纵使可从一村一族逃至他村他族，因语言及形迹关系，一被觉察，又必沦为他家他村的娃子。因是被掳去的汉娃百人中无有一二逃回者，作者所经凉山之区，遇见汉娃不下 100 余人，皆衣服褴褛，到处操作。有新入山的汉娃，不堪痛苦，见考察团人员，则流泪满面，泣不成声，亦有暗中送信中央求脱离虎口之法。

夷人对付汉娃，初来者加倍虐待，终日操劳，衣食不足，视人娃不若牛马。汉娃男子必须留上"天菩萨",女子留着发辫,男子皆身着破烂夷服,外表看来已十足夷化。但语言方面,非久居夷地,不易立刻学成。经过相当时日,大约几年之后,家主见男子汉娃已实心驯服,则购得女子汉娃为之婚配。汉娃与汉娃联婚,因白夷亦轻视汉人,彼此不相嫁娶。汉娃成家,生男育女,子女为主人当然的奴娃,此种身份生来即定。如得家主欢心,三四代之后可别立门户,自成家庭单位,此时已忘汉祖,可渐渐取得白夷百姓的地位。作者旅居岩池坝、作儿窝一带,暗中查出三家白夷都是五六代的汉姓,他们夷化程度已根深蒂固,不愿说明自己是汉娃,以免被人轻视。三河以达山后遇见樵夫老者一对夫妇,老者系一胡姓汉娃,在夷地已40余年,其妇于20余年前在海脑坝被掳到凉山,家主为之婚配。同行有两个别家女娃子,一系第二代汉娃,一系第三代汉娃。考察团分赠各人针线,老人手指第三代女娃对作者云:"此女已是蛮子,可不必给她。"语中亦可略表由汉变夷的情状。

汉娃转变升格而为白夷百姓,此中经过时间长久,并因各地情形不同,故无明显的界限。实则白夷与汉娃间的分别,不若黑夷与白夷间分别的严格。有几种情形可以举出为例。第一,白夷决不能升格而为黑夷,不似汉娃可转变为白夷。第二,白夷与汉娃虽不通婚,但亦不严禁,汉女因貌美而白男公开争娶者比比皆是。第三,汉娃除家主之外并不服侍其他白夷,在社会上地位与白夷略相同,不似白夷无论遇见任何黑夷,皆必谦让自居下属的地位。

汉娃在夷中既难出逃,然汉地家属如能探知所在地点及支系家主,则可托人从中说价,以便用金钱赎回。今举一例,即知汉娃赎回的概况。

1919年山棱岗之役,普安营守备秘书王文英因城破殉职,次子时年7岁,文英事前为之结绳上吊,未死,夷人解下幼子背负而去,先住大谷堆黑夷卢家,取名铁哈,并命看猪。文英长子即今在雷城办理夷务的雨庵先生,时年14岁,供职雷波县府,闻变力促冷薰南进兵夺取其弟。卢家因虑汉兵劫夺,托戚友立别区普带铁哈到大凉山变卖，路经恩札瓦西，西南行约 100 里达不失各村，卖给白夷的蒙只家为娃，价 50 两，的蒙只因铁哈原为汉娃，遂改其名为铁拉，以示低于白夷。铁拉在的蒙只家专司牧羊任务。雨庵久不知其弟下落，1927 年遇阿着作肚在雷波当差，托他持 70 两银到凉山寻访。作肚来到不失各，说明外间只托带 30 两银，要赎回铁拉，的蒙只不肯。作肚归告雨庵云铁拉已死，雨庵从此就不再探访其弟。

　　1930 年铁拉 18 岁，从新入山的汉娃处听到大哥雨庵在天姑密办小学，屡寄口信与笔信，都毫无影响。1939 年又听雨庵转到乌角办省立小学，铁拉拜托黑夷阿着只哈想法转达消息，只哈应允。铁拉在牧羊暇间，常作买卖接洽中人，颇得一般黑夷欢心，只哈为其中之一。只哈暗令铁拉写信，并遣白夷娃子到乌角送信，九日后即得雨庵回信。雨庵托麻柳湾白夷白灿容到不失各接洽说价，定银 100 两。此时的蒙只已死，铁拉传给其子的各各。白灿容留下九子枪一支（价亦100 两）为抵押，率同的各各及铁拉到麻柳湾对换。雨庵坐滑竿由雷波来村，一身华服，的各各见后以为雨庵富裕，遂翻前议，改价 600两，几经交涉未果。王氏兄弟 20 年始见一面，又须分散别去。

　　以上为 1939 年 6 月间事，后来雨庵曾几次托夷人朋友到凉山偷出铁拉，都不成功。最后在十二月间有阿着支兄弟尼翁失觉与雨庵友善，愿出帮忙的各各原为阿着支戚属立别支的百姓，所以一经阿着兄弟交涉即日成功。当时由尼翁交的各各银 100 两，立刻带铁拉到乌角与其兄雨庵晤面。铁拉 20 年的娃子生活遂告结束。铁拉即系考察团翻译王举嵩先生。

第八章 冤 家

冤家为倮倮社会特点之一，它的重要性并不亚于阶级制度，冤家的仇视械斗包括社会生活的各方面，并非单纯的战争或政治，也不是单纯的经济或法律。好像阶级制度一样，冤家是倮倮文化的一个重要枢纽，就中关联到社会生活的各部门。社会原是一个整体，生活的各方面都系互相错综、互相关系的连锁，无论生活上哪一点震动，都必影响社会全局。在一个社区之中，由于文化的发展或历代的传统，生活上往往着重于一二方面而成为文化的枢纽。倮倮的冤家就是这些枢纽之一。

任何人进入夷区，没有不感觉到夷人冤家打杀的普遍现象。冤家的大小恒视敌对团体的大小而定，有家族与家族间的冤家，有氏族村落间的冤家，也有氏族支系间的冤家。凉山夷家没有一支一系完全和睦敦邻，不受四围冤家的牵制。考察团入凉山路经马颈子西去，保头里区打吉与其侄老穆同时失踪，由阿着哲觉率领我们前行。后来到捉脚那达才会见里区叔侄。原来马颈子以西为补既支地面，补既支与里区支系世代的冤家，彼此仇杀报复，已不知经过多少次数。冤家不能逾越冤家的区域，所以里区叔侄因要避免冲突，暗中绕道他途而去。

冤家结怨必有原因。老冤家的怨恨系由先辈结成，祖传于父，父传于子，子又传于孙，经数代或延长数十代，累代互相仇杀，不能和解。新冤家系因最近两方发生误会或利益冲突，彼此皆不能忍受，激成公开的械斗战争。

打冤家的原因多半不是单纯的。夷例原有赔款的规则，好比杀人必须赔偿命价。如果杀人者不愿赔偿，被杀者的血族即诉诸武力，杀人的亲属团结抵抗，因而引起两族的血斗。血族械斗（Blood Feud）在夷民社会中是一个很普遍的事实，倮倮对于此点却有充分的表现。考察团翻译王举嵩在白夷的各各家当娃子的时候，曾亲自经历过许多打冤家的事情。的各各的黑夷家主为立别只哈，与吴奇支发生冤家械斗。先是吴奇支有一男子忽然死在半途之上，族人疑是立别支人害死，要求赔偿。立别支拒不承认，两方争执，没有结果。后来吴奇支族人暗中结合来打击立别族村。立别支已有准备，由黑夷只哈率领族众及白夷百姓，的各各亦在内，径到不失各村东有一地名阿宁七合者，与吴奇支相遇。两支族人对山相拒，互相开枪射击，相持自晨至暮，结果立别支死 3 人，吴奇支死 1 人。第二次立别支复仇，又由只哈率族人进攻吴奇支村寨，毙黑夷 1 人，抢劫黄牛 3 条，然后扬长而去。因是立别吴奇两族就往返仇杀打仗。有吼普支黑夷，为两族共同亲戚，曾出面调解和议，但因条件不合，迄未成功。王举嵩此次到凉山充为翻译，问起立别、吴奇两族冤家事，仍是继续械斗，未曾和平解决。

　　命案往往为打冤家的起因，渐渐扩大成为族支间的仇杀报复。娃子的纠葛，也是打冤家的一个主要原因。有时娃子由一家族逃出另投其他支系，因此引起两族支间的仇怨。有时因本族娃子受他族夷人的欺凌残害，黑夷家主出面保护娃子，就引起打冤家，白夷阶级人多事杂，与外间各族关系频繁，不免有许多纠葛之事发生，一旦事情严重，各族黑夷因身居保护人的地位，往往出面偏袒本族娃子，结果就演成族支间的械斗。

　　麻柳湾夷目里区打一即因娃子白灿开之事，与已故杨土司女公子杨黛娣结怨。白灿开原系打一的娃子，逃至雷波投杨黛娣治下为娃，因白母曾为黛娣的乳母，1943 年春间打一在雷城遇见灿开督责其回村。白暗地勾结当地军人，逮捕打一入营悬梁责打，打一托人说项，花耗 50 两银子赎出，因怀恨在心，亟待报复。里区屡寄语黛娣，力言白灿开犯罪欺主，并要求交出该人，杨黛娣在外求学，不问此事，杨家管事人亦以土司故第自居，置打一的要求于不顾。夏初黛娣归城。当日打一即派人到城北望神坡砍伐苞谷，因该区为杨府土地，有娃子苏管事为该区的佃农。李开第县长初到任视事，忽闻城北夷人结队毁谷，以为蛮子叛变，立嘱办夷务的人员调查办理。这是考察团未到雷波前的事情。

夷人对待汉人之投保者和对待白夷娃子一般。小凉山浣沟村有汉人10家投磨石支治下为保民。中有陈有伦一家于1945年前被大凉山某黑夷所攻劫，掳去陈氏夫妇及子女共4人，并抢去快枪2支。据某黑夷云他曾被陈有伦的保头磨石作提冤控，坐狱雷波，花耗50两银子赎出，今劫夺陈氏全家系报复作提对他的陷害。后来陈有伦自大凉山脱逃，因作提在成都军校读书，投告其母叙述一切经过，母与磨石支戚属有力的夷目吴奇刻古磋商，央其出任调解。刻古到大凉山赎出陈有伦的妻及子，陈女已死亡，计银80两，先划刻古自己在凉山中的土地为抵押。有伦妻子回到浣沟，陈因无现银，亦以田地财产价约80两划归刻古，但此事未告了结，陈有伦托人寄口信到成都，请作提回去主持此事，如作提未曾控告某黑夷，磨石支当兴问罪之师，惩罚祸首。

冤家起因甚多，实不能一一详述。综观以上诸例，即知大体情形。夷人妇女因婚姻关系，为系联族支间的力量。但妇女发生问题的时候，也是引起打冤家的因素之一。妇女常因夫族虐待，逃回娘家诉苦，致引起两族结怨，相互仇杀。妇女或因转房的缘故，引起纠葛，演成打冤家，好比前例乌角胡里区氏不愿转嫁胡长保，发生命案，激起长保舅家表兄吴奇孤保前来攻击乌角。尚有夷例定婚后女死，必须退还聘金，女家如抵赖财礼不愿退还者，也会引起男女两族的争端。因此在夷人社会之内，常见今日两族结为亲家，往来亲善，明日因事误会，争执打杀，即成为冤家。

打冤家的情形，也没有一定的方式。凡一族与他族结怨，就暗中结合准备攻击对方。倮倮不像澳洲土人战争打架，必先约定时期地点并双方参战人数，然后到场械斗。但和安达曼土人或婆罗洲

（今名加里曼丹）土人一般，实行偷袭之法。事前有仪式上的准备，结队出发征讨，目标在于攻击敌方村寨，劫夺仇人的财货。

夷人相信符灵（Amulet），用为佩带物，这就是护身符。打冤家的战士常在事前取小羊的毛，请毕摩念经画符，然后缝入贴身的衣服之内，并隔离女色，在 21 天之内，这羊毛符灵必保护战士，使刀枪不能入身。他如虎须、野人的头发与指甲，都认为符灵，可为护身符。

战争出发之前，先行占卜，以问吉凶。占卜有种种方式，木卜、骨卜、打鸡、杀猪等，下面"巫术"一章中将详细论述。这里只说明打冤家与占卜巫术发生连带的关系。在夷人心目之内，以为战争的胜负，冥冥之中已有神示预兆不可忽视。

如果冤家范围扩大，必须联合两族以上的团体去对抗敌方，那么各族壮士就联合举行盟誓之礼。壮士们打鸡杀牲，互饮血酒，并发誓攻击对方，互助到底。

1911 年前后枪支未入凉山之前，夷家的战争武器，乃是弓、箭、标杆、皮甲、长刀、投掷石弹等等。此等武器皆须短兵相接，所以谓之械斗。械斗的时候，必须盛装出场，以示威武。头上的布帕挽起成一英雄结，身上披挂金饰的绸缎。即马匹亦配上金鞍银镫，一切皆用以表示富强，威压敌人。

今日械斗，已名存实亡，因保保习用快枪，百步之外即可射击命中。近时冤家战争已无打扮夸示的举动，且战时采取迅雷不及掩耳的攻击方法。这无非表示新技术的输入，更改从前的战术，而形成新式的战争模式。

当年保保械斗的时候，有黑夷妇女盛装出场，立于两方对阵之中，用以劝告两方停战和议。这等妇女多与双方都有亲属的关系，好比一方为母族，一方为夫族。夷例妇女出场，两方必皆罢兵，如果坚欲一战，妇女则脱裙裸体，羞辱自杀，这么一来，更将牵动亲属族支，扩大冤家的范围，争斗或至不可收拾的地步。快枪输入，战术改革，妇女立于对阵之举，也就废除。但作者在凉山之日，尚闻有两族打冤家，幸赖一个寡妇出面阻挡，所以未曾开火。如果对方不听寡妇的劝告，寡妇的夫族、母族以及母之母族，将联合共攻这敌人冤家。夷例尊重寡妇的意见，寡妇如肯出场，冤家往往打不成。

　　夷人战斗的策略，多系先由一方暗中结队出发，乘敌人不备一举而攻之。对方既知冤家已结，就随时戒备，或沿途打听消息，见有形迹可疑，即飞报本族，立刻集合壮丁出兵御侮，前已提及里区支与补既支系世代的冤家，作者旅居巴普之日，曾亲自目击两支对战的情形。有一天清晨，户主里区约哈把作者从甜睡中喊醒，说是对江有人打冤家。作者立刻下床穿衣，跟着这位黑夷老头子向村外跑去。到达沿河坡上，已见十几人坐列谈天，两位翻译也在内，作者尚埋怨他们，遇此重大事件不先通告一声。当时向坡下一看，见隔江10余壮士荷枪追到此岸，向着西面补既来窝村开枪射击，连连10余响，后来就没有再听到反应，这已是打冤家的尾声。原来补既来窝与对江里区支的以鲁村，时常往返对打。昨天夜晚补既族人派出一队壮士，在以鲁村山后埋伏，听着晨鸡叫鸣之时，才开枪向村里射击，意图进攻该村打杀劫夺，夷例冤家不许夜半攻击，必待鸡鸣始可行事，此为夷家不成文的法律，必须遵守，违背者将受公意严重的制裁，或各族将联合共同攻击之。那日清晨以鲁村民听到枪声，立刻集合壮士，携械防御，渐渐击退补既支人。进攻者反败，转由山后小路，退到夷车河渡回本村地面，跟着就是里区支人追赶过来。这就是作者跑到坡上观战的时候，两村壮士的打仗已达一个多小时之久。

　　夷人的战争，多不持久，往往死伤一二人多至三五人即行退却或暂时停止。倮倮不重杀戮，视人命很宝贵，或系由于人口稀少之故。冤家攻入村落，不杀妇孺，不杀白夷，但皆掳之而去，黑夷男子被俘获者，多杀之而报仇。不杀黑夷，他亦必自求一死，以表示坚毅的精神。黑夷贵族虽为俘虏，也从无降为奴娃的规例。黑夷妇女被俘获者，多禁之以待本族说价赎回。白夷无论男女，皆可奴使为娃，或转卖他方。

劫掳敌方人娃财物，皆为重要的战利品。夷人争斗并不占领土地，但大肆劫夺，尽量搬运牲畜、存粮、财货等物。所有从敌人劫来的娃子财产，即算为自己的财产。往往战争所得的东西，抽出阵亡者的丧费以及因战争的损失费如子弹的消耗等，然后大家瓜分。

夷家掳掠劫夺的举动至为普遍。这不但施之于冤家仇敌，对于陌生之人亦行掠夺。例如里区老穆在黄茅埂侧独力掳去 3 个在逃的汉娃，即收为己有。老穆系考察团保头之一，为凉山中所谓安分守己之人，亦行此劫夺的事情。原因是倮族人民视在某种情况之下，可以劫夺他人的财产以为自己的财产，此系夷家社会律例，不算是违法。这种劫夺的举动，在美洲平原印第安人（Plain Indians）的社会里极为普通，青年人往往结队出征，偷袭邻族，抢劫财产，用以练习勇敢的精神。再如，阿拉伯北部巴达因（Badawin）人，也是各部落相互争斗劫夺，成为社会的风气。平原印第安人及巴达因人皆系射猎游牧民族，拥有这等劫夺尚武的精神。此点或可旁证倮倮原系游牧民族，因而保持固有的文化。

冤家争斗如果势均力敌，往返报复，酿成世代血仇。冤家中如有一方势弱，不愿应战，或怂恿寡妇出场应付，或托亲友调解，情愿赔礼和议。因是夷人冤家并非绝对的延长下去，也有和平解决的方法。

冤家的和议多由两方共同亲戚或朋友，出为中间调解之人，奔走交涉磋商条件，至两方都同意赞成的时候，再实行和议的仪式。前例里区打一与白灿开一案，白的背景为杨土司女公子黛娣。黛娣回雷之日，打一结队砍毁望神坡苞谷，李县长以为蛮变，命王雨庵邀同里区打吉调停和解。王与里区二人两方接洽相议，就决定几项条件：

第一，白灿开是召祸之人，应对黑夷里区打一赔罪。按夷家古例，赔罪之法为头上戴金子，身上穿缎子，身下骑花马，实即备办全套金冠缎服与马匹以为赔罪的礼物。但今只名存，实际上诸多礼物皆可折成银两用为赔款。白灿开的赔罪名目为头上戴金子折成10两，身上穿缎子5两，身下骑花马10两。换言之，白应出25两银以赔偿打一的一切损害。

第二，里区打一得罪土司府第，应出身下骑花马费10两，用以对杨黛娣赔礼。

第三，苏管事在望神坡的苞谷田园无辜受毁，何人应负赔偿之责，颇费踌躇。打一虽为毁谷之人，但因报复先前所受的损害，不愿赔偿。苏与白同为杨土司府第管事同僚，苏亦不愿接收白的赔偿。因此说合中人共劝望神坡田园邻近两家名阿着留留与阿着雪伯者，用共维地安的名义，合出资七两赠苏管事。阿着两家原系杨土司故属，经疏通说项之后，希望两方调解，极愿担负出资息事。7两银子固不足抵偿田园的损失，但苏管事亦愿冤家早解，以免杨府及同僚长久地与人结怨。

白灿开之案，虽经调停，成立条约，但未见付诸实行。考察团初到雷城的时候，即闻里区打一于半途中掳去苏管事之子，因留麻柳湾为质。直至作者赴麻村考察之日，经保头里区打吉说项，打一始放苏子归去，但此案尚悬而未决。

冤家争斗如经几度抢杀，到和解之日即可人命对抵，黑夷抵偿黑夷，白夷抵偿白夷，无法抵偿的人命，则出命价赔偿，亦即许多初民团体所实行的血债（Blood Money）。好比甲乙两方冤家，甲方死5人，乙方死3人，除3人对抵外，乙方须赔偿甲方两条人命。黑夷价贵，白夷较贱。人命之外，尚考究结怨的原因，如系甲方起衅，就要出款若干，以为赔罪之礼。

和议完成之日，由中人两方交款，并实行和平的仪式。大家择定在一个山坡之上两方聚会，赔礼一方备办牛羊鸡豕宴客。事前杀鸡滴血于酒中，两方代表人互饮血酒为誓，彼此不再为仇，言归和好。誓毕大宴，互贺饮酒，尽欢而散。

夷家社会以氏族为团体主要的组织，故在同一氏族之内，大家共同负有责任与义务。个人为氏族团体之一员，个人被侵害即不啻氏族之被侵害，所以个人如受杀害，氏族团体出而报仇，必杀敌方团体一人以抵命，以命偿命为夷人社会不成文的律例，执行的方法即利用团体共同的责任并冤家打杀的机制。

同一氏族之内，原不许打冤家。但近代因氏族支派繁衍，也有同族异支斗戕之祸。同族间的争执往往由有力黑夷仲裁判决。如有命案发生，夷例同族必须偿命，不能按命价赔偿。里区打一误杀里区别土的儿子，别土为打一族叔，当年召集族人，并杀牛招待，公议打一必须偿命。打一不得已应允，两次自杀未果。后来别土忽然逝世，没有人立促打一偿命，同时打一妻族恩札支势力相当雄厚，不愿打一偿命，出面说合命价，别土既死，打一又渐露头角，里区族人无有敢反抗者。因此同族打杀必须偿命之例，亦渐因人事环境的关系，而变更方式。

实则，倮倮社会中的近支血亲仇杀，尚不能放弃以命偿命之例。近亲诸如兄弟叔侄，姑舅表兄弟，姨表兄弟等类，如有仇杀，皆以偿命论。前例磨石作提曾在成都军校读书，可惜未曾毕业即因事归家，适逢其胞兄从滇北担保十余汉商深入凉山，其兄与作提相议，谋欲反保劫掳汉商而去。作提新受教育，知夷汉一家同为中华国民，力持异议。其兄与作提争辩，坚欲反保，作提一时性急，举枪自杀。族人欲议作提胞兄应履行偿命之罪，但作提究非其兄所杀，久不能定，此事迄今未曾解决。

总而言之，夷人在氏族亲属之内，勉励团结一致，共负集合的责任，因此族人不打冤家，若杀害族人，必须抵偿性命。若就族外关系而言，打冤家却是社会生活的一个重要机制。因有打冤家的战争模式，历代相沿，青年男子始则学习武艺，继之组织远征队，出击仇人冤家或半路截劫，至杀人愈多或劫掠愈甚之时，声名愈显著，地位亦增高，渐渐获得保头名目，而为政治上的领袖。

打冤家也是夷家法律的一种实施方法。人命必须抵偿，用战争的方式解决之。血族的仇杀报复，赔偿血债等，都是执行法律的例证。这些不成文条例即是制裁人民行为的重要力量。

打冤家系经济的机构，不但诸多结怨的原因由于经济的冲突，而且若非冤家结仇，就无从劫夺财货，奴使人娃，而增加自己的财产。

倮倮社会因有打冤家的传统，维持尚武的精神，提倡勇敢的行为。更因对付冤家的缘故，自己团体增加结合的趋势。倮倮各支若遇汉兵入境，必全体团结一致，共同抵御。换言之，夷人因有打冤家的文化模式，一方面各支系派别可互相牵制，成一平衡的局面，另一方面又可保持武勇的精神，防御凉山的大本营。

第九章 巫 术

巫术在倮倮社会的生活里，也占有一个重要的地位。早期社会的巫术往往和宗教相混不分，倮倮此点自非例外。巫术和宗教不但能够支配人民的动作行为和维持社会的安宁秩序，而且统治早期的心理态度和培养传统的道德观念，换言之，我们考研早期社会的巫术和宗教，从中可以窥察当时人民适应环境在心理上的反应，也就是在思想方面的表现。

要知倮倮巫术的状况，不得不知巫术、宗教、科学分别如何，关系如何。巫术和宗教都是对付超自然界，科学所对付的却是自然界。但是科学和巫术也有相同之点，彼此目标相同，都有因果观念的定律并应用机械的技术。所不同者科学应用因果的定律和机械的技术于自然界，巫术却应用之于超自然界。早期社会对于宇宙观念，不分自然界与超自然界，他们以为只要遵循传统的定例按序实行技术，就可以达到目的。因是夫累则（J.G.Frazer）曾说明巫师就是早期社会的科学家。实则巫术因对付超自然界的因果观念，往往不能得到实验的结果，因为超自然界的因果关系是人类根据错误的类比（Analogies）所想象创造，在自然界中却没有存在的余地。

巫术和宗教既都是对付超自然界，彼此关系密切，难以划分。夫累则之后，人类学家研究巫术和宗教的分别关系比较详尽，但尚无严格划分的方法，实际上二者相通之点太多，彼此又交相依赖，共同发展，中间并无明显的界限。若就全部的两方极端而言，巫术和宗教应有一个分别的领域，不然早期社会的许多仪式行为，我们就无从了解，也不能加以说明。

俅俅社会对于自然界的观念有两种不同的方式。一种是超自然力（Supernatural Power），属于没有生命的物质，诸如石头、银子、衣服或首饰等物，附有精灵，极像坡里尼西亚人民的"摩那"（Mana）观念。另一种是超自然人（Supernatural Being），属于有生命的有人格的事物，好像山脉之有神灵，人死之有鬼灵。这两种观念的方式在宗教发展的过程中，有不同的结果。人类对于宇宙的观念有两套不同的类比：一套类比关于超自然力的产生，乃是依照物质之有特性，诸如物之颜色、形状、重量与坚硬性等，而发展为精灵主义（Animatism）的信仰，或是"摩那"的信仰。另一套类比则是依照人类本身之有意志、倾向与目标等，而发展为灵魂主义（Animism）的信仰，或是鬼神（Spirit）的信仰。

精灵主义的信仰，在俅俅社会之中，可以找出许多明证。前章所述打冤家的护身物，如小羊毛、虎须、指甲和头发等的符灵，能够保卫战士在战场上的安全，就是相信精灵的存在。俅俅家族凡祖先所遗留的东西和衣服、首饰、银子、用具等，久后成为"吉罗"，不可乱动，以致产生危害家族的事情。"吉罗"即是精灵的观念，与"摩那"相同，有些人以俅俅"吉罗"为家神，实是一种错误。试举一例，黄螂附近蒋家为一个熟夷，祖传三个箱子，一为银子，一为衣服，一为首饰。某日蒋家外甥女归到舅家，无意中打开祖传的箱子，把衣服首饰装束起来，第二日箱子内东西皆不翼而飞，"吉罗"跑失，后来蒋家就落败下来。夷家的"吉罗"即是精灵，神秘不可触动，否则"吉罗"必活动走去，而为家族的损失。"吉罗"的信仰只限于物的神秘性或物的超自然力，却没有鬼神的观念。

灵魂或是鬼神的信仰在夷家的社会里更为普遍。各种疾病死亡以及不幸事情的产生，都是由于鬼的作祟。鬼名极多，有吊死鬼、痢病鬼、杀死鬼、苏臬鬼、客家鬼、猴子鬼、头痛鬼等，不胜枚举。一切鬼怪都能作恶，扰害生人，所以俅俅特别怕鬼，对于治鬼的仪式也特多。神有良莠不齐，善神能够保佑生人，恶神亦能变鬼为恶。家族祖先死后经作道场即变为神，毕摩的祖师也是神，可由诵经而降临。夷家没有偶像，也不供奉崇拜。倮倮未曾产生独一神的观念，自然现象中的天地日月，皆有神灵，唯与生活不关痛痒，就无崇拜的仪式。山神夷语谓"米西"比较最为重要，因山神统治雨水，祈雨时必请山神。各山又有各山之神，各不相属。倮倮以山神治雨，与汉人以龙王治雨，正恰相反，这不外表示宗教思想受环境的影响，因倮倮居高山之上，所见云雾雨水皆由山巅往下而降。

精灵主义与灵魂主义二者并存于倮倮社会，造成了夷家的宗教思想。但从实行的技术而言，一方面是巫术力量用机械方式施行法术，另一方面是个人由于通神的中人与超自然界发生关系。倮倮的毕摩兼为宗教的祭司和巫术的巫师。毕摩念经通神主持祭奠的时候，他居于祭司或通神者的地位。毕摩诅咒压鬼作法治病的时候，他就成为巫师。实际上倮倮毕摩的主要任务，即在于实行巫术。

毕摩为夷家社会特殊的人物，他的职务与常人不同，专司宗教和巫术的活动。一个村落之内，至少有一个毕摩，黑夷白夷皆可，但近代当以白夷毕摩居多。毕摩限于男子，有师传制度。必须经过学习训练，系夷家唯一的严格的教育。师传之法往往从父传子或从叔传侄，好像一种家传的职务。毕摩家藏经典，有人祖神话、算命、占卜、降神、咒鬼、祈雨等经书，用夷文传抄。夷家文字并不普遍应用，夷文能够流传，毕摩之功为多。

毕摩之外，尚有一种巫师，名为苏桌，苏桌没有师父，只系常人因得疾病失神等症，因苏桌鬼魂附体，用白羊白鸡在林中祭之，病愈之后即成为苏桌。苏桌有男有女，不得传授，亦无经典。平时为人治病作法，击羊皮鼓，全身战栗，旋转跳跃，口中念念有词，尽其活动诅咒之能事。

毕摩与苏桌虽为不同系统，但实行巫术的目标却是相同。毕摩的任务特多，苏桌的职责较少。现在分别叙述他们的工作和法事，借以明了夷家的巫术情形。

先说占卜，一种神示预知将来的吉凶。占卜有两种相反的方式：一种由神借人口预卜，或是祭司传达神的意旨而卜测将来现象的发生，诸如西伯利亚、非洲、波利尼西亚一带普遍实行的方式。另一种占卜由视察物质或动物的内脏和骨骼等。欲求预知将来，巫师须有一个严格的技术的训练，使能视察动物骨脏的重要方位与斑点。倮倮的占卜全属于后一方式。

夷家占卜，多由毕摩主持，常人亦有行之，举凡婚姻、丧葬、疾病、出行、狩猎、打冤家等皆可举行，预卜吉凶。占卜方式很多，兹举数例，以观概况。骨卜最普遍的为灸羊膀，毕摩取羊膀用火草烧之，然后检察骨上所表现的裂纹，以定事之吉凶。裂纹的主要规则为十字形，分上下左右四纹，左为自己，右为鬼怪，上为外方，下为内方。左纹正直而长者为吉，因自己比鬼怪强，反是为凶，鬼比己强。下方明正强于上方者亦为吉。换言之，裂纹有各种详细的解释，我们由此稍知其意义而已。骨卜尚有检察猪肋的斑点，鸡喙软骨的内外弯曲，皆系吉凶的征兆。

打鸡占卜亦由毕摩执行，先念词语告以人名及所问之事，后将鸡击毙掷出户外，视鸡首的方向而定吉凶。外方为鬼怪，内方为自己，鸡首向外为吉，向内为凶，不内不外或横卧者为平。尚有用鸡蛋行占卜者更为普遍，多行于疾病问鬼。作者在雷波之时，曾亲见胡占云毕摩，用鸡蛋在病者身上摩过，然后口中念词，将鸡蛋打入一碗水中，检察蛋黄的星点，然后决定什么鬼怪作祟。

打木刻又为占卜的一种，多行于出行与战争。简单的方法系取一木条或木片，口念人名及出行方向，将刀刻划许多痕迹，并于当中划一长道。检数上下两方的刻纹以卜吉凶。上方为鬼怪，下方为自己，奇数为吉，偶数为凶。如上方偶数下方奇数，决定己强鬼弱，则为大吉之兆。考察团在大凉山中因与阿着哲觉发生龃龉，归途不知走南路抑是北路。出行的前夕，闻保头里区打吉暗中告毕摩打木刻，以行北路为吉，作者事后才由翻译王举嵩处听到，惜未曾亲自参与此种举动。

占卜预知祸福吉凶，为一种控制命运的巫术。按巫术与宗教原系由于人类生活中，在感情紧张的情况之下产生效能。所谓感情紧张的情况即是生命的转机，好比生婚病死、业务失望、冤家打杀以及莫可奈何之恨怒等等情事。在这等情况之下，人类理智经验没有出路，却依赖信仰和仪式而逃避到超自然界的领域。许多初民进行农业工作，在日常经验及科学知识方面，他们必焚烧山林，锄平园地，播种刈草，去除害虫，防御鸟兽，使谷物得到良好的收获。但是早期社会也常有利用形如谷物的石头，埋存土中，目的在于由石头的精灵而增加收获。雨水能使谷物生长，雨水缺乏之时，早期社会又依赖祈雨仪式而控制气候。所以在早期社会思想之中，科学和巫术同是有因果关系，但他们却分不清什么是自然界和什么是超自然界。

保保的宗教实属早期社会的状态，与巫术相混不分，一切实施多偏重于巫术的活动。巫术严格地根据传统的技术，并以为技艺实行没有错误的话，必能到达所要求的目的。夷家巫术亦系因生活紧张的情况而产生，然后一代一代的传达下来。

夷家疾病种类极多，但无医药的应用，都是巫术的医治。先由毕摩断定疾病因于什么鬼怪，然后作法术送鬼治病。治病法术即为送鬼，普通边区汉人说是送菩萨。夷人疾病及一切不幸遭遇，皆以鬼怪作祟，所以每年阴历三月、七月和十月至少送鬼3次，目的都是去除鬼怪，使家宅平安。

作者在大凉山三河以达的时候，曾亲自目击里区打吉住宅送鬼情形。毕摩为村内白夷设加儿，率领徒弟即系他的儿子，约十二三岁，带着一袋法宝行事。师徒两人并排坐于锅桩后面，即平日尊客的座位。父子手缚草人并折木子为钱。设加儿摇铃念经，徒弟也随着唱和，于是两人一面口念经书，一面手缚草人。毕摩用石头在锅桩火里烧红，然后取出到主人住房屋内巡绕一周，仿若驱鬼之状。再坐地上念诵经书，并散发木子。

毕摩束好4个草人之后，打吉邀同妻恩札氏并3个儿女蹲于锅桩右边，一家人围成一个圆圈，另由白夷娃子双手扭执公鸡一只，在打吉等头上绕匝9遍，然后递给设加儿，毕摩用尖刀一把狠力地打击公鸡首颈，口中尚念词不绝，鸡死之后即以鸡血淋洒草人，并以鸡毛安插草人身上。娃子又执山羊一只绕匣打吉等头上 7 遍，然后杀羊亦淋血于草人。倮倮视奇数为吉利，故绕匣必须 7 遍、9 遍。鸡羊之死有代罪之意，和犹太人的"替罪羊"（Scapegoat）的观念相同。

毕摩施行许多法术，吹鸡作响，散发木钱，屋内夷人呼号呐喊，闹到夜半，最后才把草人木钱送到屋外远处掷于各方，当然又是一阵的喊叫。草人不啻即是弗累则所谓的模仿巫术（Imitative Magic），仿鬼怪之状束缚而成，以鸡羊代罪之后，放送于屋外，使不致在屋内作祟，危害生人，造作疾病。

考察团翻译胡占云，亦系夷家毕摩，曾告作者设加儿所念经书第一部为请山神"米西"，可见倮倮对山神特别重视。第二部经书为咒冤家之来咒主人者，此系以咒报咒之法。第三部为咒鬼经书，即是驱逐鬼魔出于屋外。夷人相信鬼魔作祟，由于冤家诅咒陷害所致。解除之法即送鬼反咒，其危害则及于冤家仇人。

苏桌亦为夷家巫师，专治疾病，法术与毕摩稍异。用羊或猪在病人身上绕匣 3 遍，然后杀羊置于门口，由苏桌跳跃打鼓，全身抖栗，信口喊叫，并用嘴含羊子，掷来掷去者三四次。羊皮剥下，送归苏桌，与毕摩得皮相同。最后用泥土作罐形，上面安上罐盖，苏桌在屋内到处寻找鬼怪，纳入罐中，立刻盖上，持罐于屋外埋入土中，意即鬼怪被埋，不复作祟。

从送鬼的仪式中，即知倮倮对冤家有诅咒之法，用以危害仇人。巫术有白色巫术（White Magic）与黑色巫术（Black Magic）两种。白色巫术为善意的巫术如祈雨仪式。黑色巫术为恶意的巫术，如诅咒冤家之类。诅咒亦请毕摩行事，有一家独咒或一村一族合咒不等，视个别共同的冤家而定。

诅咒有各种方法，难以尽述，今举数例，以明大概情形。第一，打狗念经，咒冤家遇狗死亡。死狗必吊在路中树上，使冤家不敢越境。作者在旅途中常见死狗吊立，即夷家所行的巫术。第二，打鸡诅咒，用鸡脑壳吊向冤家方向，使之危害仇人。第三，用野鸡或野鸽由毕摩写上冤家名字，紧系于鸟颈之上，作法诅咒并放鸟飞于冤家地面，仇人即能得病死亡。第四，束缚茅草使成冤家形象，用鸡血鸡毛发咒送到冤家田园之间，冤家路过必遇恶鬼死亡。第五，用木板刻成仇人形状，并以蛇血写上名字诅咒，暗中掷至冤家住处，必有天灾降临其屋。第六，用癞子腿骨扎成草人，指冤家名字发咒，暗中放于仇人住屋或田间，使其中咒死亡。癞骨草人的诅咒系模仿巫术与传染巫术（Contagious Magic）并用，模仿者因草人仿效仇人形状，传染者因癞骨病可传到于仇人。模仿巫术与传染巫术二者，合称为交感巫术（Sympathetic Magic）。

　　倮倮实行黑色巫术，为冤家间的暗斗，彼此往返诅咒，争取法术的高强，用以危害对方，并求破除仇人进攻的巫术。有时因不祥之兆，亦请毕摩作法寻找仇人埋骨所在，以破巫术的毒计。换言之，夷家以巫术治巫术，法术斗争与器械战争相互并行。

　　倮倮遇着死亡的时候，相信人的灵魂从这个世界跑到另一世界去，和其他早期社会的民族一般，夷家视死亡为一个重要的关节或无上的转机。在这转机之间，人类的感情不但紧张，而且复杂，从丧葬的仪式里即可表现一方面对死者的敬爱留恋，一方面对尸体腐烂的反感，而有恐惧的心理。

　　死亡的仪式差不多世界上各民族都是相似，必由近支亲属相聚一起。倮倮家人断气之后，不但一家团聚举哀，亲戚、邻居、朋友、奴隶都来吊奠，送牛送酒不一而足。于是洗尸整发，换上新衣服首饰，相聚哭吊一番，再打牛杀羊，共相宴饮。

　　倮倮实行火葬，把尸体全部焚毁，大约死后一二日或几日行事，视毕摩所择的吉日而定。先制一木滑竿，两边长板两条，中间横着木板，男子9根，女子7根，然后将已装束完备的尸体置于木滑竿上，由白夷娃子四人抬到屋外。另一娃子牵着一匹带鞍的马为前导，一直走到焚尸的地方，意即灵魂骑马而去。焚尸多在屋后山上，锄一四方形平地，四角插入木柱，上有杈子架着四条横木，横木之上置一竹编四方形的筛子。死尸的木滑竿即安放于筛子之上，焚尸的时候，四方向同时点着火把，火光一起，家屋门外的夷人即用大刀打牛，木杠打羊，备办祭奠及宴饮。

烧尸有专人，皆年老贫贱的白夷，常人皆不愿作此举动。烧尸必在清早太阳未出的时候，有夷家亲属守着观察烧毁的状态。守尸者必系奇数，或7人或9人皆可。家里牛羊煮熟之后，就搬运到焚尸的地方，大家相聚围食，并尽量喝酒。尸灰有时埋入土中，有时撒散丛林中没有人烟的所在。焚毕死尸，家人全体避于屋外，只留一人率领毕摩关着门户，在屋内到处用筛子作法，筛送鬼魂，以净家宅。

倮倮在焚尸的时候，请毕摩做死者的灵牌，这好像是祖先崇拜的初期。灵牌的做法用木棒一根长约5寸，两面剖开，中凿小孔，谓之灵屋。毕摩在烧尸坟上取一小竹根，以初笋为宜，截成竹片，用3月间剪下的羊毛将竹片用棉线扎起，男9扎，女7扎。此即代表灵魂，放于灵屋之内，于是两片对剖之木棒合起来，灵物装在孔内，不复再见，木棒外面上端用麻绳扎起，也是男女9扎、7扎不等，更用白布棉纱包上。毕摩作法去污之后，即成灵牌。灵牌供于锅桩后面墙上之木板上，凡年节、送鬼、疾病之期，由毕摩作法杀牲祭灵，飨以酒食。

倮倮不似汉人，对祖先供奉牌位，累代崇拜。夷家的灵牌在作白或作道场之后即可取消。倮倮道场的目的在于超度祖灵入于神界，或入于另一世界，有隆重的仪式。或由一家独力举办，或由数家合办，则视家族氏族的经济能力而定仪式的繁简。大约在死后一年或三五年举行，甚至亦有延至十几年、几十年才举行一次。

道场为氏族与亲属相聚的机会，一方面有严格的仪式，一方面团体会合宴饮，尽情地社交娱乐。仪式有12殿法事，费时10余日，消耗之大冠于一切活动，非富裕之家实不能举行。普通道场作一二殿或几殿不等，由毕摩行事，有解除污秽、送灵归位、祈求子孙安乐、产物丰厚等等目的。最后有送灵的举动，那就是把父母灵牌重新剖开，另制新木棒，也有灵屋，把旧时父母两个灵物，合放于新木棒的灵屋之内，父灵放在上面，母灵放在底下，此亦模仿巫术之一例。然后木棒两片合盖起来，两端用白布扎捆，送灵时由儿子背上，毕摩领路，送到高山崖洞人迹不到的区域去。据说此处即为族间祖灵会聚的所在，毕摩念经指路，带灵魂到达白河，亦即夷家所信仰的另一世界。在崖洞之中，家族三五人解下新木棒，重新检视祖灵，见无错误，再打扎上放在崖洞中。于是分食从家里带来的猪头半边，剩下脑壳放于灵前倾酒为祭。于是归家，不复再有其他崇拜的仪式。

　　丧葬的仪节，一方面因信仰鬼灵，由于仪式的举行送祖灵安然渡到另一世界，一方面对于生人因在感情紧张的状态之下大家聚会行礼，以求渡此难关，渐渐恢复到平日生活，使人类社会的均衡状态得以保持。

　　死亡固然是重要的阶段。业务失败也是一个难关或转机。倮倮依赖农业产物为主要食粮，如遇旱年危害谷物的时候，夷家必从事祈雨仪式，冀以巫术统治气候。祈雨必用白羊白鸡，安慰山神，由毕摩作法，撒散血毛于各方，毛血似雨似雪，也是模仿巫术。至认白色禽兽为神秘，亦为早期社会中普遍的事实。例如叙利亚及中央亚细亚的白马、泰国的白象以及美洲印第安人的白牛、白鹿、白狸等，皆为神秘的兽。毕摩实行法术的时节，村人辅助呐喊。有放枪震动山神，有号叫威压鬼怪，尽情奔动活跃，使雨从高崖上下降，以符实行巫术的目的。

　　倮倮另有许多禁例，英语谓之"他不"（Taboo）。按弗累则的解释，禁例即系消极的巫术。夷家禁止人民跨过锅桩，说是亵渎火神，其根本原因当然起于火能烧伤人命；禁止马在屋内备鞍，因此系送死人的仪式；禁止出行之人未离屋之前扫地，怕鬼怪追逐行人路上作祟，像这种的禁例甚多，不胜枚举。积极的巫术应是当作什么事，才能达到目的。消极的巫术则不应作这等事以避免祸害的来临。所以禁例也不过是扩大的巫术而已。

　　倮倮尚有神判（Ordeal）的习俗，以决定一人的罪行，这也是一种巫术的实施。例如摸蛋即系判决罪犯，其法先由毕摩念经，烧一大锅沸水，将鸡蛋投入锅中，命犯罪者伸手于沸水中，将鸡蛋取出，如手不被烫伤者即证明无罪。又如嚼米也是一种神判，毕摩念经作法之后，命嫌疑犯吞嚼红白米一小撮，嚼碎后再行吐出，检视米中没有血丝染成红色者为无罪。神判行于同族间窃盗欺诈等等行为。冤家之间窃盗为荣誉之事，同族盗窃则为罪恶。有时犯罪也可以由盟誓解决。白夷如欲取信于黑夷，向之睹咒，或剖白心迹，可杀鸡滴血于酒中一饮而尽，表明如有欺主不法行为，将如死鸡的结果。

　　盟誓为倮倮取信于人的举动，在行为上为一种巫术的实施，在早期社会法律上为一种契约。夷家无论是业务的往来、行旅的担保，以及联合打冤家等事，必聘请毕摩杀鸡诅咒，双方互饮血酒以为誓盟。尚有闯牛皮之例，为黑夷投诚汉官或担保汉官入境的盟誓仪式。其法杀牛将牛皮连着首尾四脚，张挂在木架之上，一如牛立之状。牛首向东，尾向西，毕摩念经作法，投诚黑夷从牛尾底下钻进去，再从牛首底下钻出来，并发咒词，不作叛逆。然后更饮血酒，夷汉共同举行。此乃盟誓最严重的仪式，也是巫术魔力统治夷家行为极明显的表现。

附　　录

一、倮倮亲属名词

甲．倮倮亲属称谓主要名词表

夷文	夷音	汉译
(彝文)	a^{44} tsy^{33}①	曾祖、高祖、外曾祖
(彝文)	a^{44} pha^{33}	曾祖母、高祖母、外曾祖母
(彝文)	a^{44} phu^{33}	祖、伯祖、叔祖
(彝文)	a^{33} o^{33}	祖母、伯祖母、叔祖母、外祖姨母
(彝文)	a^{33} nia^{55}	祖姑、外祖母、堂外祖母、岳祖母
(彝文)	o^{33} phu^{33}	外祖、堂外祖、岳祖父
(彝文)	a^{21} bo^{33}	父
(彝文)	a^{33} mo^{21}	母
(彝文)	ta^{33} ta^{33}	大伯父（直接称谓）
(彝文)	pha^{55} vu^{33}	伯父、叔父
(彝文)	mo^{21} pi^{33}	伯母、叔母、姨母
(彝文)	a^{33} bw^{33}	姑母、岳母、姑

夷文	夷音	汉译
(夷文字符)	i⁵⁵ pho³³	姑丈、岳父、翁
(夷文字符)	o³³ ŋi³³	舅父、岳父、翁
(夷文字符)	ŋi³³ ŋi³³	舅母、岳母、姑
(夷文字符)	ŋa³³	我
(夷文字符)	ŋa³³ ŋa³³	自己
(夷文字符)	bo³³ dzɯ³³	丈夫
(夷文字符)	m³³ ni²¹	妻
(夷文字符)	v₂⁵⁵ o³³	兄、堂兄、姨表兄
(夷文字符)	m³³ m³³	大哥（直接称谓）
(夷文字符)	a²¹ ŋi³³	嫂、姨表嫂、舅表姊妹（直接称谓）
(夷文字符)	v₂²¹ mo⁴⁴	姐、堂姐、姨表姐
(夷文字符)	a³³ v₂²¹	大姐（直接称谓）
(夷文字符)	zɪ³³ zɪ³³	弟、堂弟、姨表弟
(夷文字符)	ŋi³³ ma⁵⁵	弟妇、姨表弟妇
(夷文字符)	ŋi³³ mo²¹	妹、堂妹、姨表妹

夷文	夷音	汉译
	$a^{33}\,bu^{33}\,zu^{33}$	姑表兄弟
	$a^{33}\quad za^{55}$	姑表姊妹，大嫂或大姑（直接称谓）
	$o^{33}\,pi^{33}\,zu^{33}$	舅表兄弟
	$o^{33}\quad le^{55}$	舅表兄弟、妻兄弟及亲家三者的直接称谓
	$o^{33}pi^{33}a^{33}mi^{33}$	舅表姊妹
	$ma^{33}ts1^{33}mi^{33}mo^{21}$	兄弟姊妹、平行从表（包括堂兄弟姊妹及姨表兄弟姊妹）
	$o^{33}le^{55}a^{33}za^{55}$	交错从表或姑舅表兄弟姊妹
	$v1^{55}o^{33}za^{33}mo^{33}$	兄弟、姨表兄弟、连襟
	$v1^{21}mo^{44}pi^{33}ma^{33}$	姊妹、妯娌、姨表姊妹
	$a^{33}mi^{33}a^{33}za^{55}$	姑嫂、亲母
	zu^{33}	子
	$zu^{33}bi^{33}mo^{21}$	子媳
	$za^{55}\quad mo^{21}$	子媳，外甥女及内侄女三者的直接称谓
	$a^{33}\quad m^{33}$	女
	$a^{33}m1^{33}sa^{55}vo^{33}$	婿（一词应用于发生婚姻关系之男子，如姑丈、姊妹夫、女婿、侄婿、甥婿等）

夷文	夷音	汉译
	zu^{33} ndu^{33}	侄、姨侄
	$zu^{33}ndu^{33}\varsigma i^{33}mo^{21}$	侄媳、姨侄媳
	$a^{33}m\imath^{33}ndu^{33}$	侄女、姨侄女
	$o^{33}le^{55}zu^{33}$	舅表侄、婿、侄婿
	$o^{33}le^{55}a^{33}m\imath^{33}$	舅表侄女、媳、侄媳
	$ni^{33}mo^{21}zu^{33}$	外侄、婿、侄婿
	$ni^{33}mo^{21}a^{33}m\imath^{33}$	外甥女、媳、侄婿
	la^{33} bu^{33}	孙、曾孙、玄孙
	la^{33} ςi^{33}	孙媳
	la^{33} ma^{55}	孙女
	$la^{33}bu^{33}ndu^{33}$	侄孙
	$la^{33}ma^{55}ndu^{33}$	侄孙女
	$za^{55}la^{33}bu^{33}$	外孙
	$za^{55}la^{33}ma^{55}$	外孙女
	$\varsigma i^{33}ka^{55}le^{33}\eta o^{21}d\varsigma i^{51}$	长次三四五（此五音加于名词之后，用于直接称谓，以表示长幼之序）

乙．倮倮直接称谓名词

第一表

弟妹对兄姐的直接称谓（附兄嫂）		
夷文	夷音	汉译
⺕ ⺕	m̩³³ m̩³³	大哥
习 米	a³³ mi³³	大嫂
⺕ 乂	m̩³³ ka⁵⁵	二哥
习 米 乂	a³³ mi³³ ka⁵⁵	二嫂
习 釆	m̩³³ ʈe³³	三哥
犬 米 釆	a³³ m̩³³ ʈe³³	三嫂
⺕ 水	m̩³³ ŋo⁵⁵	四哥
习 米 ⵉ	a³³ mi³³ ŋo²¹	四嫂
⺕ 翌	m̩³³ dʑi³⁵	五哥
习 米 翌	a³³ mi³³ dʑi⁵⁵	五嫂
习 米	a³³ vʅ⁵⁵	大姐
习 乂	a³³ ka⁵⁵	二姐
习 釆	a³³ ʈe³³	三姐
习 ⵉ	a³³ ŋo²¹	四姐
习 翌	a³³ dʑi⁵⁵	五姐

第二表

舅父舅母姨父姨母的直接称谓		
夷文	夷音	汉译
ᎦᎠ ᑯ	o^{33} $z_{ļ}i^{33}$	大舅父
ᕕ ᕕ	ηi^{33} ηi^{33}	大舅母
ᎦᎠ ᐱ	o^{33} ka^{55}	二舅父
ᕕ ᐱ	ηi^{33} ka^{55}	二舅母
ᎦᎠ ᐅ	o^{33} le^{33}	三舅父
ᕕ ᐅ	ηi^{33} le^{33}	三舅母
ᎦᎠ ᐳᏋ	o^{33} ηo^{55}	四舅父
ᕕ ᐁ	ηi^{33} ηo^{21}	四舅母
ᎦᎠ ᔆ	o^{33} $dz_{ļ}i^{55}$	五舅父
ᕕ ᔆ	ηi^{33} $dz_{ļ}i^{55}$	五舅母
Ꮤ ᕤ ᑯ	a^{33} bo^{33} $z_{ļ}i^{33}$	大姨父
ᑫ ᑯ	mo^{21} $z_{ļ}i^{33}$	大姨母
Ꮤ ᕤ ᐱ	a^{21} bo^{33} ka^{55}	二姨父
ᑫ ᓕ	mo^{21} ka^{33}	二姨母
Ꮤ ᕤ ᐳᏋ	a^{33} bo^{33} le^{33}	三姨父
ᑫ ᐅ	mo^{21} le^{33}	三姨母
Ꮤ ᕤ ᐁ	a^{21} bo^{33} ηo^{21}	四姨父
ᑫ ᐁ	mo^{21} ηo^{21}	四姨母
Ꮤ ᕤ ᔆ	a^{21} bo^{33} $dz_{ļ}i^{55}$	五姨母
ᑫ ᔆ	mo^{21} $dz_{ļ}i^{55}$	五姨父

第三表

伯叔父母及姑母（附姑父）的直接称谓		
夷文	夷音	汉译
	$a^{21} bo^{33} z_i^{33} (ta^{33} z_i^{33})$	伯父
	$mo^{21} \eta i^{33} z_i^{33}$	伯母
	$a^{21} bo^{33} ka^{35}$	伯父或叔父
	$mo^{21} \eta i^{33} ka^{55}$	伯母或叔母
	$a^{21} bo^{33} \underset{o}{l}e^{33}$	伯父或叔父
	$mo^{21} \eta i^{33} \underset{o}{l}e^{33}$	伯母或叔母
	$a^{21} bo^{33} \eta o^{21}$	伯父或叔父
	$mo^{21} \eta i^{33} \eta o^{21}$	伯母或叔母
	$a^{21} bo^{33} dz_i^{55}$	叔父
	$mo^{21} \eta i^{33} dz_i^{55}$	叔母
	$a^{33} bu^{33} z_i^{33}$	大姑母
	$a^{33} bu^{33} ka^{55}$	二姑母
	$a^{33} bu^{33} \underset{o}{l}e^{33}$	三姑母
	$a^{33} bu^{33} \eta o^{21}$	四姑母
	$a^{33} bu^{33} dz_i^{55}$	五姑母
	$i^{55} \quad pho^{53}$	姑夫

第四表

舅父子女（舅表兄弟姊妹）的直接称谓		
夷文	夷音	汉译
	$o^{33}\underset{\circ}{le}^{55}\mathit{zi}^{33}$	舅之长子
	$o^{33}\underset{\circ}{le}^{55}ka^{55}$	舅之次子
	$o^{33}\underset{\circ}{le}^{55}\underset{\circ}{le}^{33}$	舅之三子
	$o^{33}\underset{\circ}{le}^{55}\mathit{ŋo}^{21}$	舅之四子
	$o^{33}\underset{\circ}{le}^{55}dʑi^{55}$	舅之五子
	$a^{33}\underset{\circ}{mi}^{33}\mathit{zi}^{33}$	舅之长女
	$a^{33}mi^{33}ka^{55}$	舅之次女
	$a^{33}mi^{33}\underset{\circ}{le}^{33}$	舅之三女
	$a^{33}mi^{33}\mathit{ŋo}^{21}$	舅之四女
	$a^{33}mi^{33}dʑi^{55}$	舅之五女

第五表

姑嫂对称的直接称谓					
姑呼嫂			嫂呼姑		
夷文	夷音	汉译	夷文	夷音	汉译
	$a^{33}mi^{33}$	大嫂		$a^{33}za^{55}$	大姑
	$a^{33}mi^{33}ka^{33}$	二嫂		$a^{33}za^{55}ka^{55}$	二姑
	$a^{33}mi^{33}le^{33}$	三嫂		$a^{33}za^{55}le^{33}$	三姑
	$a^{33}mi^{33}no^{21}$	四嫂		$a^{33}za^{55}no^{21}$	四姑
	$a^{33}mi^{33}dzi$	五嫂		$a^{33}za^{55}dzi^{55}$	五姑

二、川边考察记行

1943 年暑间，燕京大学边区考察团前往川南雷、马、屏、峨区，去作实地的考察。本团于七月二日从成都动身，经乐山、宜宾到达屏山县城，适屏山县县长陈赓尧氏在蓉开毕行政会议，一路同行归县，因得着许多帮忙与方便。在县府停留数日，又蒙王鸣阳秘书招待参观，得益良多。屏山城原为明代的马湖府，有土知府安氏世袭坐镇，传到安鳌因叛变被戮，府属遂于明孝宗弘治八年（1495）改土归流。今城东古迹有天宁、太洪、万寿三寺，均建始于宋，经后代改修，就中有石像、铜像、铜钟等类，雕刻模塑，形状至为精美。城西约 5 里为前泥溪镇，有土司镇守，今则破坏不堪，只余旧屋三五落。土司署尚留存，前后两院，中隔花园，前院门匾上有"康熙二十五年建造"字迹犹可看出，土司王氏子孙居署右。我们往访时均辞不敢见，王秘书率领我们深入院中，遇一壮年男子，询之即系王氏之裔，经王秘书解释我们由县府派来，始加优礼，其父母皆出招待，且备饭邀请。后出示铜印一颗，四方形，左右两排字，系汉满文对照。铜印旁有小楷字注云："泥溪长官司印，礼部造，乾隆二十七年五月日，乾字一万二千六百一号。"王氏子孙视此铜印为家传至宝，保存甚谨。我用墨擦印，印于日记本内，留为纪念，并嘱胡良珍抄录王土司世系表一份。最后为王氏合家拍照一张而别。

7 月 20 日本团清早离屏西行，先渡金沙江入云南境，下午 4 时达绥江县城，距屏山已 90 华里。稍休息后，又出城沿江上行，不10 里天暮，我们不得不摸着山僻小路爬走，为状至惨。这时候飞鸟无声，万籁俱寂，耳边只听江水滔滔不绝。我们一面忍着辛苦饥渴，一面恐惧匪徒劫夺，所以急急前进，到达秉彝场对岸，已入午夜。

秉彝场是屏西重镇，离县城130华里，人口12000余人，旧名"蛮夷司"，民间尚沿用。昔与泥溪镇同等，也立有长官司。秉彝场位于中都河流入金沙江的交叉点，水顺时有汽船直达，木船平日可行，交通尚称方便。此镇为内地通达边区要点，外间盐布货物，皆在此地起卸，转由人工运到边地，与夷人贸易。今秉彝场以东，已无夷人足迹。秉彝场以西50华里至夏溪，即入小凉山境界，为夷人出没之区，汉夷杂居之地。此镇已有边区气象，人民成分复杂，离秉彝场3华里之石角营，虽已有区所成立，但一切设施，尚待将来努力。

沿西宁沟上行，河旁两岸都是汉家村寨，四围山上即有夷人。本团过夏溪之时，即遇见黑夷一人，带有通译汉人。我个人因系第一次亲眼见到夷人，所以特别感觉兴趣，同在一家茶馆内，就彼此谈起话来。询之则为马边境内吼普支的"硬都都"，所谓"硬都都"即系黑夷支派中有势力权柄之人。这人头发剃平，只留头上一束，谓之"天菩萨"。他的胡须整个拔掉，左耳戴着耳环，身上背着一个皮袋，内贮银钱烟叶等，下体穿裤，裤脚甚宽大，且有绣边，但足部从不着鞋屦草革。这黑夷嘴角下垂，状甚骄傲，通译的汉人事之甚谨，因欲求夷人供给衣食。后来又遇白夷六七人，都略通汉语，服装却与黑夷相同。

夏溪西行15华里，至撕栗沱，为一小村落，几十户人家，该村有中国抗建垦殖社第二区事务所，所内人员正设计建筑，使成模范村落。该社勉励垦民殖边，不遗余力。今日垦殖势力已由撕栗沱往西发展，经西宁、罗三溪，南达中山坪，入雷波县境。

本团离撕栗沱西行70华里，始达西宁，沿途攀山登岭，至为辛苦。外间货物如米、酒、盐巴、布匹等，须由背子转运，一人之力所背既有限，爬行山岭更苦痛。近各垦社与县府商议建筑道路，已设有委员会计划一切，希望早日成功。

西宁居小凉山的中心，位于山谷中小平原之上。四周皆高山峻岭，村右沟水蜿蜒而行，天然风景绝佳。7月初旬村上一处失火，竟于两小时之内，把西宁全村茅屋焚毁一空。村民经20余日之积极建筑，今茅竹屋宇已排列成行。街道两旁有各种商店，并旅社茶楼等，颇称热闹，村街之上多为汉人，夷人往来者亦甚多，此地为汉夷交易的中心地带。我们在此间看见许多夷妇头上包布，身穿布衫，腰系褶裙，衫裙皆绣花边，状至美丽，少女则编一发辫。无论男女老少皆外着披风，寒暑不更。街上遇见黑夷一人，名约哈儿，为恩札格儿支的"硬都都"，高大雄伟，比之夏溪所见黑夷尚见壮大，但年龄稍长，家有儿女3人，娃子甚多。罗绪卿君为我介绍约哈儿，相谈甚欢。罗君在西宁历有年数，曾带兵打败恩札支夷人，为诸夷所钦敬，为人亦忠厚，与夷人往来存信义，甚为夷众所信服。约哈儿率领娃子多人，前后相随，一如军队长官之有护兵者。这黑夷体格在诸白夷中，即不啻鹤立鸡群。

本团在此考察，对于夷民出掳汉人为娃子者，几日有所闻。同时由夷地逃出之汉人娃子间亦有之。在撕栗沱之时，我曾亲见3个娃子新从夷地出来。1940年4月间在雷波蛮溪口，曾被掳去垦民200余人，迄今分散凉山诸夷间，渺无消息。

以上多谈夷事，今稍述西宁社会特点。西宁新近繁荣，不但因于汉夷交易，亦因于垦社势力之发展。夷地多种烟，常雇用汉工，以鸦片所出，换取白银枪支。所以今日凉山武力雄厚，白银充足。西宁为边区社会，其特点略举如下：（一）人口虽未经彻查，约在500人之上，且日有增加，流动性亦极大。性别比例更非常态，大约20男中只有1个女人，男子又多为壮年，年幼、年老者甚少。（二）民性强悍，无论商人、平民、垦民皆背有枪支，以备自卫。（三）社会秩序的维持，操之于各武力团体如保卫队、垦社、秘密会社等。这些团体，气息相通，彼此皆以兄弟相称。（四）边区环境如是，人与人的关系，多是自由结合，自由行动。（五）对于经济开发，特别努力。沿沟有水田稻米，四围山脚多种苞谷。沿途尚有煤矿铜矿未曾开采。西宁山上森林重重，如果道路交通发达时，都可以栽砍利用。因有以上几个原因，西宁社会成为具有特性的边区。遍访西宁附近地带存留前清乾隆嘉庆时代的石牌、石坊，可见当时是个繁华场所，清末是地没落，1911 年以来则更甚。新近西宁重兴，赖各垦社开殖之力为多。

西宁居于雷、马、屏三县的交界处，又为夷汉杂居的中枢，如欲开发小凉山，发展西宁则为先决的条件。西宁又与马边、雷波两县城成一直线关系，而自居中央。西面离直线不远即为大凉山，将来如要开发纯粹夷区，也不能不利用西宁的位置，而为向西发展的根据。

本团于 7 月底离西宁径赴雷波。西宁与雷波的间隔，不过 140 里，一日半的路程，只因中隔夷区不能通达，所以我们不得不由原路重返秉彝场，然后再沿金沙江上溯，须经 410 里路程，消耗五六日的时间。

由秉彝场沿江而行，立见江水渐渐狭小，而且急流甚多，难于通行舟楫。对江为云南境界，山岭重叠，崖壁险恶。到冒水孔已行五十里，尚未过午，唯当地保长极劝我们停留过夜，以为此去没有大镇，离黄螂七十里，又不能傍晚到达，因山路狭隘崎岖，难于行走。我们急于赶路，不顾劝告，继续前进，中途经过 10 余里陡坡，崖上下皆极险峻，中一小路只容一人走过。我行路之时，不敢仰观，亦不敢俯视，只循小路而走，尚觉目眩不已。至日已西坠，我们才爬上沙湾上岭，此岭至顶就有 20 里，陡险之状难以笔述，岭顶且常有夷人埋伏，时有擒获汉人，以为奴娃。本团人员幸安全越岭，抵达黄螂之时，已是晚上 8 点钟。

翌晨日出即由黄螂南门出走，回顾此山镇，旧日城墙尚雄壮可观，城之四围为山谷中的平原，田亩青翠，土地肥沃，远近山岭皆半在云雾中。距城南 5 里之遥即为马湖。湖颇宽大，南北两岸相距较长，由木船渡过需时 2 个小时。湖之四围皆山，东面较低已有种植苞谷之处，湖水洁净碧绿，日光反映成黄金色，湖上空气新鲜，寂无声音，处身其中，不禁胸怀为之一舒。我静坐舟中，默视此良辰美景，依恋不舍。回忆 3 年前曾在美国东北省避暑胜地的白山之下，与内子饶毓苏划舟于银湖之上的境况，却依稀相似。我国有此美丽山河，只因地处边区，不能开辟游览，诚可浩叹。

来到南岸即可看到东南山上的一片荒土已经垦殖，布种苞谷，山之上下还有几处茅屋村落。西南山上又有夷家住屋，云系石图支首领，两山遥遥相对，夷汉原是一家。登南岸即到海脑坝，坝上住有保安队，每逢1、4、7赶场之期，队兵必到村后五子山上放哨，防备当地夷匪出动，保护平民过境。本团行到半山葛蒲田，即遇见哨兵已解哨归来，经与排长交涉，另派兵6名弟兄护送我们。从士兵的仓皇态度，急促样子看来，使我们感觉到经过此区的危险性。弟兄们又在中途指示血迹，云系前日匪劫行客的陈迹。行客2人，死1人，被捆1人，并云沿途森林草丛之中，尽为夷匪埋伏之处，他们在暗中可以窥见我们，但我们无法看见他们的存匿处。现在县政府正积极从事开辟大道，砍伐路旁草丛，真是一桩急需办理的事情。

我们登到五子山顶，看见一个破庙，也住有保安队。我们遣回原有弟兄，另由住庙排长派一班队兵，护送我们走下南面山岭。南面朱儿沟一带时常有劫夺之事，比北面更是危险。排长说："前些日在夜里曾与蛮子数度开火打仗。"山岭山谷之间，见有几个败坏的堡垒，可以想见此地从前曾有重兵压守。下岭到箐口已是午后2时，稍事休息继续前进，此去全系山谷平原，坦然大道，到牛吃水过夜，离黄螂又90里。

牛吃水又名文水，离雷城35里。全区皆系山谷沃地，山园住屋连络不绝。因防范夷人，住屋之一角必筑堡垒，以资自卫。金竹嘴离雷城只10里，我们就看到被焚的残屋3座，据云3月间匪来劫夺，毙死2人，捆去3家男女。本团到雷的次夜，金竹嘴又一家被劫，死1人，被捆7人。据云每次考察团经过雷波，多遭劫夺。由于沿途所见所闻，即知匪祸之为害不浅。无论白昼夜里，村镇山野，枪弹之声，时有所闻。河山虽美，其奈民居不安。据近在雷地调查的中大教授萧栅森云：文水一带有铁矿300万吨。无论从农业经济抑从天然富源而言，我们都必须对此雷地边区加倍注意。

雷波为一小城，城内外人口不及万人。城中一条街道，平日除茶馆外，生意萧条，但至逢场日则满挤着四方来临的买卖行客。雷波也是夷汉交易的重要场地，许多货物如布匹、盐巴、针线等，专为供给夷人的需要。平日街上夷人也不断地往来，县府门旁设有边民公寓，以资夷人过夜。夷人汉化者很多，服装方面改换之后，即不复分辨谁为夷汉。已故杨土司之女杨黛娣住城内，新近从重庆边疆学校读书归来，一身时髦服饰，且满口汉语，已不复有夷习。

雷波地处川省极南，迫近大凉山，受夷祸之深，比之马、屏、峨三县皆有过之而无不及。边区交通阻塞，内地居民则裹足不前，彼此间的消息难以通达，以是边地真相无由得悉。边地居民多恨夷人，每有谈话，皆存偏见。实则，夷人为害并不甚多，而夷汉勾结为害者更多。就中夷汉之争，夷汉联合对汉，汉夷联合对夷，夷对夷，汉对汉，纠纷捣乱之事，相继不绝。处理边政，一时尚难廓清。

本团在雷波考察之余，又到雷西15里乌角村调查。该村全为夷人势力，即少数汉人，亦在夷人保护之下。村内夷目原为胡兴民，因于5年前逝世，次妻吴奇氏又于去年亡过，现只有正妻里区氏独掌大权，统治乌角与哨上一带居民。里区氏有兄里区打吉者，住大凉山中央，常到哨上辅助其妹办理村中事务。我们到乌角之时，适里区打吉亦在，机遇至为凑巧。他系里区支的"硬都都"或有力夷目，现年只35岁，为人比较开通，也懂些汉语。因为有里区氏兄妹的帮忙，考察工作的进行至为顺利，只就体格测量而言，不二日间量至50人，此为夷区工作不易之事。我们由乌角返雷之日，遇见同济大学医学院教授方超，率领学生2人到此要专门测量夷人的体格。医学界人士对此尚感兴趣。我们专治人类学民族学之人，如不从事此项研究，将如何汗颜惭愧。

本团择定乌角哨上一带为小凉山社区研究的样本，就中除体质测量外，尚有语言、物质文化、社会组织、亲属关系、经济制度、宗教巫术等的考察。至于入大凉山的事，已与里区打吉商量，他愿为保头，一路护送我们入山，并由雷波李开第县长，于8月12日在县府主持实行简单仪式，由双方当事人到场行礼，然后入山。按从前西部科学考察团和四川省政府施教团入凉山考察之前，先与保头杀鸡宰牛发誓，双方饮血酒为盟。因为夷人信鬼，发誓之后，不敢背叛，免鬼来作祟。实则，夷人饮血盟誓，事后背叛者甚多，徒赖誓盟，不足担保。我们此次未饮血酒，开汉夷往来关系之先例，希望以后考察员不必拘泥于迷信风俗，反阻夷汉文化的流通。

行礼之后，本想13日从雷波动身，但因当时发生几桩事情，都直接间接影响到本团的预定行程。保头打吉有白夷娃子一人，因事囚于雷波狱中，要求县长释放，有意以释放娃子为护送我们入山的交换条件。李县长允阅卷考虑，因此案系前任县长移交，迄今未曾决定执行。

打吉正在等待县长的答复，但我们心急启行，力促办理夷务的洪绍云及王雨庵二氏劝告保头，并解释护送入山与释放娃子为两回事，不可混为一谈。打吉很明理，有允翌日动身之意。

次日清晨，我们正准备束装就道的时候，雨庵先生跑来我们住处，说本日不能成行，因夜里打吉向街上苏行买羊被骗，他的两个娃子被击受伤，事情很严重，正在交涉中。同时金竹嘴和城南南田坝掳人之事，层出不穷。本来雷城自县长以下科长绅士等，都曾异口同声地劝阻我们凉山之行。只有王雨庵竭力帮忙，事到如今王先生也有一些气馁。

我心上非常焦急，因已不顾一切劝告，决心入凉山一趟，我想凉山虽危险，总不至比前线更厉害，多少同胞在抗战期中浴血战场，我又何必自惜生命，并且倮倮也不随便杀人，至多捆为娃子，尚有补救的办法。因是写两封快信，一封寄重庆内子饶毓苏，一封寄回燕京大学法学院院长吴其玉兄，通告他们入山日程，黑夷保头的支系姓名，办理夷务的介绍人等等，以防意外事变的发生。同时上山的衣服、食品、盐、布、银两、交换礼物等，都已备办妥当，不忍中途而止。于是央告洪王二先生，再三与保头磋商，幸买羊案调解平息，我们又急迫催促，打吉也就不得已答应成行。

离雷第一日因等待背夫，即在雷西乌角歇下。我们住在从前乌角小学校舍，今已停办。打吉与其族侄老穆为护送我们的保头，本晚先到乌角山后的哨上胡里区氏处过夜，等我们明晨路过喊约他们一声。饭后我们正准备休息的时候，忽然撞进两个生面的夷人，一个是黑夷，为阿着族支名哲觉者，另一个为他的白夷娃子。两人来势汹汹，一进屋即滔滔不绝地喊叫，我们翻译把他们的来意说明，原来哲觉系打吉的表亲，为老穆的母舅，里区叔侄因怕路上有冤家的族支，特邀他来加入为保头，但事前未得我们的同意。哲觉为人鲁莽粗暴，开口就要求我们杀羊招待，带骂带闹地喊了半天。我们因深夜无从得羊，嘱翻译王举嵩备办便饭给他们充饥。晚上睡在我们隔壁，整夜说话，闹到天明。良珍心细，劝我考虑与此疯人夷目同行，是否有危险发生的可能。

翌日我们加上一个邬姓背子，一个因吃鸦片而家产落败的人，一举步就说所背的东西太重，未到哨上已跌倒好几次，我们不得已就雇了一个白夷背子，工资很贵，但想能分担些邬姓所背的东西，不阻我们行程也就罢了。谁知经过扒哈的时候，大雨倾盆，山僻小路又险又滑，我们只能慢步前进。到了一个山岭，将近傍晚，前面系一片老林，打吉因有羊群在前，自己要赶上在林中过夜。夷人常在野外露宿，他们把脑袋缩进毡衣之内，蜗成一团，就随便倒地睡去，什么风霜雨雪都不在意。我们随着哲觉和老穆就在山后马家湾休息下来。

马家湾只有 14 户人家，散居田谷间，原为杨土司的百姓。我们到白夷乌七家过夜，主人出外，一切由主妇招待。屋为土墙茅顶，进口有一门，却没有窗户。屋内有锅桩设在中央稍靠左边。锅桩为夷人家屋生活的中心，有许多禁例与此相连，屋左隔着竹篱，为主人主妇卧宿之所，屋右安放石磨杂物，家畜猪羊也居留在内。主妇制苞谷粑并杀鸡招待，杀鸡不用刀，用手捏死。我们赠主妇剪刀丝线等，狂喜大呼。邻屋老妇也携一壶酒来献给我们。

　　离雷第三日还是大雨，山僻小路，泥泞不堪行走，邬姓背子出门上坡即滚倒坡下，幸坡下丈余有几根草木挡住，不然直滚下去，万丈深渊，必无埋骨之所。我们见此光景，知邬姓背子不能长行，他也哀求退伍，因又出重价雇白夷一人代替，并嘱乌七夷妇觅人保送老邬返雷，因乌角以西全系夷区，汉人至此非有保头不能行走。从马家湾上坡路最难行，雨后泥坡经羊群蹂躏，更见险滑，我们都手足爬行，好像四脚的动物，每举一步就花了好几分钟。登坡更不敢俯视，因坡下深渊令人目眩，稍有不慎，跌倒之后，就直滚下去，自送性命。登山巅路稍平坦，但又须穿过老林，林中阴霾万状，雨透内衣，寒冷抑郁之状，不可言喻。经过一天的辛苦，傍晚始达拉里沟，离雷波尚不及70里。

　　拉里沟为一大村落，散居四五十户人家，中有六七家系汉民住民，当初夷人东侵时，因不及逃避，投在夷人势力之下生存者。拉里沟以西就没有汉民住户了。我们在拉里沟一日，稍作考察，次晚即在拉里沟对面熊家坪住下。

　　由熊家坪西行，登马颈子，为旧时汉人村镇。1919年之变，焚毁一空，今所余者尚有断墙零瓦。从马颈子可西望黄茅埂，北向山棱岗，山棱岗为汉城，亦于1919年被焚。由马颈子西北行，打吉老穆忽告失踪。询之哲觉，始悉此去为补既支地面，补既支为里区支冤家，因是叔侄不告我们已转弯他路而去。夷人支系各有区域范围，冤家过境相遇，必劫夺打杀，与冤家同行者，亦必遭殃。夜宿丁家坪黑夷家，夷目丁有客已入大凉山，由主妇丁里区氏招待，夷妇态度甚大方，言吐也极自由，不似汉妇婀娜羞涩。屋内有男女娃子五六人，磨谷煮菜，宰羊献酒，系入山之后第一次大餐。

　　丁家坪西行六十里到捉脚拉达。此为一小村落，打吉等已先在此等候，相见大喜。离此不远，打吉有娃子某驱一牛过山岭，坠坡而死，因宰牛围食，深夜始入睡。明晨期望登黄茅埂，未明即起，但因行不久有一夷人背子脱逃，延误了许多时间，旅行中有种种类似的琐细事件，极是麻烦，但因篇幅有限，未能多述。此去约有百里没有村落，且多穿过老林，下雨时蚂蟥甚多，吮人血肉，有烂至成疮者。午后天黑，我们才走 80 里，不能登黄茅埂，就在老林中地名硬裹落骨的一个小场上歇下。大家砍拾干柴，烧一堆大火，半御寒冷，半避野兽。没有携带鼎锅，不能烧火煮谷。我们饿了一夜，夷人尚带苞谷粑充饥。幸我们有行军床，尚可入睡，唯夜半醒来，头面皆已露淋，身上冷不可支。虽系暑天，地近黄茅埂，海拔将近 4000 公尺，难怪气候和冬天一样。

清晨起床，打吉叔侄又告失踪。昨夜因夷人背子伙食事，与打吉发生龃龉，或因翻译王举嵩双方传语不慎之故。蔡姓熟夷为我们背子，能说五成汉语，秘密告我打吉有些生气。行十余里到毛昔剧烈，将出老林登黄茅埂，阿着哲觉忽喊住一切人夫停下，说前面有冤家，要求我们出一锭银子为买路钱，倮族不用国币，沿用银两。哲觉忽然出此要求，我们极其为难，若应允出银，夷人贪求无厌，此去不堪设想。若不答允，他举枪反叛，我们死无葬身之地。考虑结果，说明我们愿承担此项买路钱，但在雷时打吉未曾提及，没有准备，望保头代出，返雷之后奉还。此事经王举嵩往返翻译，多方解释，始告平息。

本日天气清朗，晨 9 时登黄茅埂顶上，道途忽变平坦，埂上一带平原细草，凉风吹过甚觉清爽，精神为之一舒。从黄茅埂西行，则为康庄大道，宽度可通汽车，此非入山之人所能猜想得到。从清晨起行，约 40 里到消罗，入人家煮洋芋充饥。餐后继续前行，经儿侯村下坡，有一小河，河水尚浅，我脱鞋渡水，到中流时良珍为我拍一照。过河又遇打吉、老穆及其娃子七八人，不知何时先到此等待，于是合队前进。又 50 里到之乎者各，已近傍晚，向北过河，明日即可抵达三河以达，里区支村落。阿着哲觉家住女红，由此南行登山，他要在此分路回家。乘我们坐地休息之时，叫翻译前来索取护送礼物。我们事前不知哲觉加入为保头，未做准备，申明礼物寄存雷城，俟本团返雷时补送。谁知哲觉不信，猝然翻脸，破口大骂，王举嵩胡占云两翻译力劝不听，他走到我们面前举枪相向，我心已着慌，甚为恐惧，唯外表尚称镇定，不作逃避之态，明知走避结果更是不妙。在此千钧一发之时，甚幸原来保头打吉奔来拦着哲觉，且夺去他的枪支，拉他到远处说话。我心上忐忑不安，两分钟后哲觉不受打吉劝阻，把原送的毛巾一条，狠力地丢向我身上，并且叽哩咕噜地骂了一大顿。事后才听翻译说，哲觉因大怒还我毛巾，叫我也还他路上所摄他的影片，并要求礼物至少10匹布，少了可不成云云。幸在未动武前，打吉又拉着他走了。

后来打吉叫老穆陪着哲觉，自己回来带领我们到附近小屋住下。经过这一场风波，始信保头不可靠。本来每日晚上在辛苦之下，也不顾一群跳蚤的扰乱尽可睡去，今夜在床上辗转不能入寐，刚才的经过历历重现眼前，哲觉粗暴凶狠和打吉模棱态度，都是可怕的东西。此时在大凉山中，已是笼中之鸟，他们要变动反叛，我又有什么法子。心内隐忧，不敢告知同行诸人，怕摇动他们的心理。回想前英人布尔克在连渣脑被害，今此地离连渣脑不过东行数十里，又法国传教士在马边附近被吊身死，许多汉人受残害虐杀，我何以不自警惕，反自坠陷阱之中。一夜沉思，百感交集，不觉鸡鸣，又须准备次日的行程，次日的工作。

次日清晨起床由里区打吉率领前行，这时知哲觉已赴女红，远离此地，心上稍觉宽慰。打吉带着我们先到一个小岗顶，指示此间地理形势。从岗顶向北下望，就是昨日沿河而行的三河以哲溪，此溪流入三河以穆河，亦即汉人所称的夷车河，成一三岔河流的汇合处，宛如宜宾的三江口，不过水量甚浅而已 ①。三江口的东坡之上，就是三河以达村，里区打吉的家乡。岗西一带平地，即在夷车河南岸坡上，又是一个村落，名为巴普，系保头老穆的家乡。两村遥遥相对，都是里区支的地域。

夷车河北岸坡上名以鲁者，为里区支白夷的村落。以鲁西面为

①彝车河系美姑河的上游，解放后改称美姑河。

白夷苏甲支，再往西行则为黑夷阿侯支地面，与西康昭觉一带的夷人相连续。夷车河流入美姑河，美姑河东南行流入溜筒河，溜筒河又东入金沙江，始脱离夷人的区域范围。

我们下岗渡过三河以哲溪，上坡就到三河以达村。凉山中村落，住屋全系散开，没有两户相毗连的。住屋四围都是田园，多数种苞谷和荞子。但是此村却有许多水田，产红米，我们曾在打吉家吃过，米粒粗大，味甚甘美。由此可知凉山土地的肥沃。

打吉的住屋有许多特色，和其他住屋不同，也是夷汉文化综合的表示。本来大凉山住屋都是土墙木顶，墙角筑一保垒。打吉的住屋却为瓦顶，前面为砖墙，中建石制拱门。门顶一石雕刻"一品当朝"四个汉字，两边联句则为"门钱当门一品水，坐厚高山出贤人。"屋为汉娃所建，稍读汉书，文句不通，别字层出。入门即见前后两进，前进有天井亦汉式，两旁为牛马羊猪之栏。后进为住处，排列布局全为夷式，左卧房中锅桩右石磨等。

打吉住屋，因系新近建成，比较干净，也很宽大。锅桩石片刻有禽兽花草，别生风致。打吉把雷波带来的草席，铺在锅桩的后边，并请我们坐下休息，这是尊敬贵客的礼节，好像白夷招待黑夷一样。同时献酒给我们，屋内无论何人都分一杯，黑白夷一视同仁，并以糖果分赏孩子。夷家惯例有饮食必赠在座诸人，即娃子亦不向隅，这也是黑夷系维白夷的一个法子。

村内来探视打吉的人，愈来愈多，主人主妇连连倾酒相待。主妇当然就是打吉的妻子，为恩札氏，态度颇严正，不大说话，打吉出外已有三月，相见却不交一语。

当晚打吉准备送菩萨，也就是送鬼。按夷人送鬼请毕摩举行，有两种方式。第一种是疾病、打冤家或其他凶事发生的时候实行。第二种系有定时，每年阴历三月间、七月间和十月间共举行3次，这是送平安菩萨。今年因打吉出外太久，延搁到7月底归家那天才实行。送鬼用一鸡一羊。另外打吉命娃子等再缚一只大羊，说是敬献我们。我嘱翻译王举嵩力劝不住。夷人的敬客礼节，由此可见一

云南文库·大家文丛

斑。一夜消耗两只羊，大家分食醉饱。餐后毕摩一再作法念经，时至午夜，尚未停止。我旬日来因攀山越岭，疲劳太甚，想躺在床上尚可观察一切举动，谁知自己朦胧睡去，却牺牲了最精彩的门外送鬼的一段仪节。

打吉很优待我们，对于我们的考察工作也尽力帮忙。他曾几次召集村内夷人，解劝他们作体质测量。有些夷人对测量抱着极端怀疑的态度，以为测量仪器，即不啻为摄魂的工具，被测之后必魂去身死。因是不可理解的夷人，我们并不勉强他们。肯受测量的夷人，每人送他们一包针线。保头有时带领我们环视村落，访问其他住户。他又常派一个汉人娃子作我们的向导。这汉娃原姓胡，1919年之变在山棱岗被捆，迄今已20余年，在此成家生子，对凉山内情甚熟识，从他口中得着许多的消息。未入凉山之前，边区朋友曾有托访家人戚属的夷地为娃者，我们一一转托这位胡向导作线索，安排秘密聚会的时地。此事要秘密进行，如果夷人主子知道，不但对汉娃不利，即是我们考察人员也有危险。

在三河以达村附近，无论山上田野，我们不知遇见多少汉娃。神貌服装都已夷化，不可分辨。但是他们见着我们，知为汉人，即开口接谈，表示亲密态度，有时凑巧旁无夷人，即托我们想法赎出，稍有知识者则望军队进攻凉山。许多青年男女，初入夷地，被迫在山上砍柴割草，遇见我们即泪流满面，哭不成声。我亦曾几度心酸，但定神一想，若欲有效地援助他们，只有先履行目前考察的任务。

过两天保头老穆来了，邀请我们到他的村上耍去。本团人员就离开三河以达，渡过以哲溪，行不上10里之路就到巴普，老穆的家乡。老穆带领我们到他的父亲约哈的住屋。约哈为人身体魁梧高大，面貌仁慈可亲。我们送上盐、布、镜子、剪刀、丝线、罐头等各色礼物，约哈表示欢喜态度，即命娃子宰羊杀鸡，又是一场宴饮，尽情招待。我们有一个老年背子，从雷波随到夷地，因要取暖，却从锅桩上面跨过，犯了夷人禁例风俗，约哈父子碍于我们情面，不敢发言。我命老背子走来，当场责骂，约哈反而劝慰说明无妨。老主人见我们深悉夷情，欣悦状态，溢于言表。

在巴普又是一番考察测量，询问探查。有一次老穆带我到他自己的住屋坡下，勘察地形，这是一个平坝子，中植杨柳数千株，树林左边是一个天然的大池子。从坡上下望，池水树影，掩映生色，形成一幅绝妙景致①。老穆问我此地可否盖一所小学，并问政府能否来此兴办教育事宜。我听见极为高兴，知夷人有向慕汉化之心，就极力说明教育的重要，并代他计划兴建小学，地点在此最为合宜。按巴普有50户，三河以达33户，以鲁31户，之乎者各25户，女红四五十户，尚有其他附近村落都能在一小时左右抵达这个坝子上。后来打吉也谈到这问题，极望此地有学校的成立。夷人既有向化之心，我们自应极力成全他们的愿望。

未入凉山之前，本想从雷波入大凉山，再北行出马边。后因马边西面支系复杂，恐花耗太多，我们限于经济，又因时间短促，所以决定再折回雷波。在三河以达与巴普作毕考察之后，打吉等劝我们西行出昭觉，由西康回蓉。并云此去昭觉，不但路比雷波为近，且沿途平坦，易于行走。我细想从昭觉北行，交通亦不便，恐贻误时日，仍回雷波为是。我们正在讨论之际，阿着哲觉从女红村赶来，极力游说打吉等率领我们经过女红登山由省已翻黄茅埂出拉米，然后向雷波走去。这提议我反对，因不知哲觉这几天排布什么骗局，万一坠入诡计，岂不自投罗网。后从老穆的伯父笑哈设计建议，由北路返雷。

出山第一日清晨从三河以达攀登村后山岭，向东北行，经过葡千、葡萄以达、怕托诸村落，傍晚抵达天喜，就在一个白夷的住屋歇下。保头嫌住屋太窄，率领夷娃另寻住处，所余者只本团人员，翻译背子等。当晚住屋主人为一老太婆，同住一个少妇系她的女儿，刚从夫家归来，另一少妇不满20岁，为新娶的儿媳，儿子出门，屋

①解放后，美姑县城即建立在这个平坝及大池子上。

内没有男人。我们搬出针线、徽章、玩物等，劝请姑嫂二人奏演夷家音乐。两位少妇轮流吹奏口琴，声音清脆可听，每奏一曲皆有意义，由翻译传达，我等极为称赞。口琴有两种，一为竹片，一为银片，都藏于圆管内，挂在衣袖边，取拾方便，最后我们取出丝线共红、黄、蓝、紫四色，鲜艳夺目，为夷妇最爱好的东西。我们说明以丝线交换他们的锅桩舞，姑嫂二人最初表示羞涩，不肯起舞，老太婆贪想丝线有些心急，自告奋勇，单人舞蹈，但我们未表满意。经过数度催促，又由翻译敦劝，姑嫂才肯答允，起立跳舞。少妇二人在锅桩前面，同时舞蹈高歌，一唱一答。可惜秃笔不能表达歌声与舞状，唯闭目回忆，活泼姿态，隐约尚在眼前。

次晨早行，越30里到黄茅埂，大雾降临，对面不见人形。从埂顶慢下东坡，都是一片森林。夷人背子背着行军床与我二人前行，其他人员皆落后。我们走到深林中，坡下忽来夷汉一名，骑着一匹黑马，见我们立刻下马，拦着去路，要求放下行军床。我命背子冲上前去，这大汉却跑到我面前，幸背子打夷语说明我系汉官委员，汉子迟疑半晌，我就趁势夺路而走。后来打吉告诉我骑马大汉为黑夷恩札娃儿，著名的叛徒，曾吊杀住马边的法国传教士，我闻之不禁吐舌。

傍晚过大小谷堆，为山谷中沃地，大谷堆住户35家，小谷堆31家，皆分布平坝斜坡之上。晚宿作儿窝，七八户人家，夜半闻枪声数响，惊呼良珍并翻译等，皆熟睡不答。

出山日行百里，路经压岁只、革舌、田家湾等地。过山棱岗时，环顾故城荒草，不胜感慨，城内红墙一道，尚依稀可辨识，余皆无所存留。

最后一日由作儿窝出发，初有小雨，渐降渐大，行20里到大火店，只有二三夷户人家。此去登危岭，山棱岗未失时有大路可通雷波，今皆荒芜不可辨识。保头打吉自告奋勇，在老林丛草中摸路而行，我们跟着前进。到山顶见大石磨一个，知为危干岭故址。这时狂风骤雨大作，寒冷入骨。老背子经不住风雨冷气，数度跌倒，我命其他背子分担他的行李，嘱他空手前行。谁知他又涕泗交流，抖悚不已，我环问谁肯脱衣救命，没有人肯答应。自顾外面雨衣，全已湿透，无补于事。内部毛衣衬衫下至裤袜也全部浸贮雨水，所幸尚有贴身背心一件未湿，稍存温暖。不过略停片刻，已是寒气侵向心内，令人不能立脚。后来出资百元，向一夷人租得氅衣一件给背子披上。打吉即率我们急急前行，因手足已将僵硬。行走不过数十丈之地。后面夷人喊打吉对话，打吉转告我们说老背子已死。我初听未免心上震酸，但转想寒冷不会使人死得这样迅速，立嘱翻译王举嵩回去看视一下。王氏一闻死讯，面如土色，口不能言。但忽又听得呜呜哀鸣声，方知老背子尚未死去，于是出二两银子（当时国币320元）雇一随行白夷背着老背子下山。原来老背子骨硬不能行，假装死态，租衣夷人见他已死，即将所租氅衣剥去，因此老背子不得不喊叫救命。到夹夹石天色已黑，该处为雷波北山上哨站，有一班军士把守。连夜下雷波，我当日受冷伤风，旬日后始愈。

　　本团原定9月5日返雷，路上延搁几天，县长甚为焦虑，王雨庵先生尤其着急，到处探询消息，深恐我们出事。到此故旧相见大喜。在雷备办送保头一面红缎旗，中绣"汉夷一家"各字，下款燕京大学边区考察团敬赠，另外更以钟、表、剑、刀、布匹等为酬谢礼物。13日离雷转道秉彝场出中都，适逢屏山、马边、沐川三县县长和抗建社吕镇华经理在中都开联防会议，吕氏被举为联防主任，见面相谈大喜。次晨吕氏派团兵10余名护送我们越五子山出沐川，此非防夷，乃防土匪劫路。由沐川北行经犍为、五通桥到嘉定，沿途甚平坦。26日始抵达成都。